W0396237

Afin de vous informer de toutes ses publications, **marabout** édite des catalogues régulièrement mis à jour. Vous pouvez les obtenir gracieusement auprès de votre libraire habituel.

René de Lassus

L'ENNÉAGRAMME

MARABOUT

© 1997 **Marabout**, Alleur (Belgique).

Toute reproduction d'un extrait quelconque de ce livre par quelque procédé que ce soit, et notamment par photocopie ou microfilm, est interdite sans autorisation écrite de l'éditeur.

SOMMAIRE

Pour Boris, Félix, Marie,
Grégoire, Léo et Juliette

Boumpa

L'Ennéagramme en quelques mots

L'Ennéagramme, dont les origines remontent à de très anciennes traditions, est d'abord un outil de connaissance de soi, fondé sur les neuf tendances principales qui sont autant de contreparties des forces fondamentales de l'être humain : la perfection/colère, l'amour/orgueil, la capacité de réussir/tromperie, la créativité/envie, la connaissance/avarice, la loyauté/peur, l'optimisme/ gourmandise, le courage/excès et la capacité de soutien/paresse. Ses données sont confirmées par les découvertes les plus récentes des neurosciences. Il peut devenir un merveilleux moyen de développement personnel, un moyen de prévision, et un moyen de mieux comprendre ce qui nous différencie les uns des autres.

Pour faciliter la compréhension de l'Ennéagramme, nous avons utilisé en couverture des mots représentatifs des différents types de personnalité. Pour éviter d'enfermer chaque catégorie dans des mots nécessairement réducteurs, l'auteur attribuera tout au cours de ce livre des chiffres de Un à Neuf correspondant à chaque type.

L'Editeur

AVANT-PROPOS

> **« C'est, de toute évidence, le système le plus complexe et le plus sophistiqué que j'aie jamais rencontré, mais c'est une complexité sensible et intelligente, non pas une confusion. »**
>
> Dr C.T. Tart, Ph. D. professeur de psychologie, Université de Californie, Davis — préfacier du livre sur l'Ennéagramme d'Helen Palmer[1].

Tout comme la médecine, les mathématiques ou la philosophie, l'Ennéagramme *n'appartient* à personne.

Tout comme ces disciplines, l'Ennéagramme n'a pas un *fondateur* officiel, un *inventeur* répertorié qui ait sa statue dans tous les villages de France et de Navarre.

Tout comme ces disciplines, l'Ennéagramme s'est développé dans le temps et dans l'espace, grâce à des contributions diverses.

Tout comme ces disciplines, il apporte des connaissances précieuses à la communauté humaine.

Certains prétendent que la question *« Qui suis-je ? »* ne les préoccupe pas. D'autres y répondent en déclinant leur identité administrative, en dressant la liste de leurs titres, leurs diplômes, leurs avoirs, leur situation familiale, ou

1. Helen Palmer est un chef de file de cette méthode, voir Bibliographie.

professionnelle, leurs conquêtes sportives ou amoureuses (ce qui est presque la même chose).
Toutefois, beaucoup de gens se retrouvent généralement interloqués par ce qu'on appelle les grands événements de la vie (surtout les pertes : emploi, santé, ou êtres chers).
Tous se promettent alors, dans un coin de leur tête, de consacrer un moment à y réfléchir ou à étudier la grande question.
Une disposition qu'une fois l'événement passé, ils s'empressent d'oublier.
Mais la question, elle, ne les oublie pas ! Elle revient, un jour où l'autre, plus affirmée que jamais. Ce livre offre l'occasion, en un langage clair et accessible, d'une **découverte** de cette méthode de connaissance de soi et des autres qu'est l'Ennéagramme.
Je vous en souhaite le meilleur usage possible.

En guise de préface
Espérance et vigilance...

> **«Quand vous voyez à qui vous ressemblez, vous vous réjouissez. Mais quand vous verrez votre véritable image, née avant vous, éternelle et non manifestée, en supporterez-vous la grandeur ?»**
>
> Logion[1] de l'Évangile apocryphe de Thomas

Cette Préface est particulièrement dédiée à Patricia et Fabien Chabreuil et Eric Salmon**, mes formateurs à l'Ennéagramme.*

Mes proches me disent optimiste.
Comme tous les pessimistes du monde, quand on m'affuble d'un tel jugement, je réponds facilement: «Non, réaliste.» C'est vrai, qu'à l'instar d'un personnage parodié par l'un de mes plus illustres concitoyens champenois, je suis porté à croire que *tout est pour le mieux dans le meilleur des mondes****.
A nous de créer l'harmonie sur Terre, à nous de réaliser ce pourquoi nous sommes là: être co-créateurs !
Je reconnais — et l'expérimente par moi-même — qu'il est des jours où il y a de quoi désespérer de voir nos frères humains s'orienter vers cette sublime raison de

---

1. Les logions sont des paroles attribuées à Jésus.

* Fondateurs de l'Institut Français de l'Ennéagramme.

** Fondateur du Centre d'Étude de l'Ennéagramme.

*** Voltaire a été, plus de quinze années durant, l'hôte de Cirey-sur-Blaise.

vivre. Surtout si on laisse aux médias la place qu'ils s'efforcent tant d'occuper dans notre paysage mental.
Si par contre, l'on choisit de nourrir son esprit des penseurs inspirés de tous les temps, si l'on voyage à travers les tumultes du temps en leur compagnie — de Platon à Teilhard de Chardin, en passant par Sri Aurobindo —, on crée une disposition d'esprit telle qu'il perçoit alors les signes porteurs de cette évolution qui est, à mes yeux, la richesse et la beauté de l'être humain en voie de réalisation.
J'ai, par suite des expériences de vie qui sont les miennes, choisi de rejoindre ceux qui, malgré les désordres de notre temps, voient davantage poindre à l'horizon l'aurore d'une renaissance.
Parce que, pour qui choisit de les « voir », les signes qui permettent de fonder une telle espérance sont nombreux.

Ainsi que le souligne Robert Linssen*,

« le processus de mémorisation nous conduit de plus en plus à admettre la possibilité de dépassement de l'égoïsme. Cette mutation psychologique constituerait le caractère spécifique du Satya Yuga (âge nouveau annoncé par certaines traditions orientales). *La naissance et le développement de la psychologie transpersonnelle en seraient la manifestation. »*

Ou encore Satprem,

« notre monde a pris une singulière accélération. Mais, comme toujours, nous lisons les signes à l'envers parce que nous voyons tout à travers nos lunettes homocentriques. Cette for-

---

* Robert Linssen, dont j'ai été proche voisin — 6 ans durant — est directeur de l'Institut des Sciences et Philosophies Nouvelles, fondé en 1935, proche collaborateur de Krishnamurti et de David Bohm, et aussi l'auteur de nombreux livres, parmi lesquels *Spiritualité Quantique* dont ce passage est extrait.

midable négativité de la Terre est suprêmement Positive, comme l'éclatement d'un volcan inconnu qui nous livre un trésor inconnu : notre nouveau Moyen. »[1]

Parmi ces signes, l'ivraie est aussi fréquente que le bon grain. Le « retour » de l'Ennéagramme, après un *purgatoire** dont la durée s'étale de 40 à 2 500 ans selon les points de vue, est pour moi l'un des signes prometteurs de ce millénaire finissant.
J'ose espérer que ce livre vous aidera à cultiver votre vigilance personnelle, moyen fondamental pour trier vos bons grains.
Je vous souhaite d'accueillir, par le cœur autant que par l'esprit, les bases de l'outil de connaissance aidante et évoluante qu'il décrit.
De l'accueillir comme une symbolique *étoile de Bethléem*...

« Qui est assez fort pour supporter la grandeur et la force de la révélation, le choc de la rencontre radicale avec soi-même ? »

Jacques Lacarrière

Les lecteurs de mes livres précédents connaissent mon aversion à l'emploi du « nous » que je trouve trop distant...

L'auteur

---

* Je me définis comme profondément touché par le message du Nazaréen et essaie de devenir spiritualiste chrétien non dogmatique. Paraphrasant René Guénon, je dirais que quiconque a conscience de l'unité universelle des aspirations spirituelles est nécessairement, par là même, « inconvertissable » à quoi que ce soit.

1. *Evolution II, Après l'homme, qui? mais surtout, après l'homme, comment?* Robert Laffont, 1992.

PARTIE I

L'ENNÉAGRAMME EN QUELQUES PAGES

« Nous avons l'art pour ne pas périr de la vérité. »

Nietzche

« Tout porte à croire qu'il doit exister un certain point de l'esprit d'où la vie et la mort, le réel et l'imaginaire, le passé et le futur, le communicable et l'incommunicable, le haut et le bas cessent d'être perçus contradictoirement. »

André Breton

« Est-ce que j'existe réellement ? Est-ce qu'il n'existe pas, au-delà de mon petit moi illusoire, un grand moi vrai et libre? »

Louis Pauwels : *Monsieur Gurdjieff*

Première découverte

L'Ennéagramme est le mot qui définit (de « enné » — neuf, et « gramma » — figure) une méthode de découverte de soi et des autres, basée sur la connaissance des neuf **forces** et des neuf **tendances principales** qui cohabitent à l'intérieur de chacun de nous, et qui vont être déterminantes dans la constitution de notre personnalité :

	Forces principales	Tendances principales
1	la capacité de perfection et l'idéalisme	la colère
2	l'amour	l'orgueil
3	la capacité d'action	la tromperie
4	la créativité et le sens artistique	l'envie
5	le besoin de connaissances	l'avarice
6	la loyauté	la peur
7	la joie de vivre	la gourmandise
8	le courage	l'excès
9	l'acceptation et le soutien	la paresse

Ces éléments constituent **les neuf types de personnalité** de l'Ennéagramme.

Chaque être humain appartient à un type de personnalité

Les premières réactions du petit d'homme entraînent le développement d'**une** de ces **forces/tendances**, créant progressivement une dychotomie entre son être profond et sa « fausse personnalité » (sa personnalité « fabriquée »). Nombreuses sont les personnes qui pressentent

cette « rupture » (souvent à l'occasion d'une crise, provoquée par une perte : emploi, santé, être cher). Une façon de prendre conscience de cette rupture consiste à se demander si ce qu'on appelle « nos » idées sont réellement de nous ou encore, d'où provient notre conception du bonheur.
Appliqué à l'analyse de la diversité humaine, l'Ennéagramme devient, dès lors, un excellent moyen de compréhension de ce qui la fonde.
Parce que, dans l'existence, chacun évolue selon les circonstances de ses propres expériences, l'Ennéagramme est un outil de développement personnel permettant de se situer dans son évolution et s'avère particulièrement intéressant comme moyen d'évolution spirituelle (que celle-ci soit fondée ou non sur une foi).
Il utilise la capacité que chacun possède d'observer ses propres traits de caractères, ses propres habitudes. Il ne nécessite pas de connaissances préalables, que ce soit en psychologie ou dans une autre discipline des sciences de l'homme.
C'est pourquoi, chaque fois qu'un concept psychologique sera utilisé dans ce livre, il sera expliqué.

Son appartenance au courant de ce qui est appelé la *psychologie transpersonnelle* (qui s'intéresse à ce qui est « au-delà » de la personne) induit le respect du caractère unique de chacun. L'Ennéagramme est aujourd'hui enseigné dans un esprit de compassion de chaque être humain pour lui-même et pour les autres.

Enfin, il permet d'accroître la qualité des relations que nous entretenons avec les autres. Chacun peut vivre à différents niveaux de développement (voir chapitre Intégration et Régression). Chacun est en liaison avec plusieurs autres types, à l'intérieur de sa propre personnalité (ceci sera expliqué plus loin).

Comprendre la grammaire de l'Ennéagramme

Une méthode, c'est comme une langue nouvelle qu'on apprend : il faut commencer par en apprendre le vocabulaire et la grammaire. La grammaire, c'est l'organisation propre de cette méthode, la façon dont les différents éléments s'articulent entre eux. C'est ce qui est proposé dans les trois premières parties de ce livre.
La quatrième partie concerne la description des neufs types de personnalité, et la cinquième partie propose quelques applications possibles après la lecture de ce livre.

Qui plus est, cette méthode se caractérise par l'utilisation particulière de certains mots.

DES PARTICULARITÉS DE VOCABULAIRE

C'est l'une des difficultés relativement importantes de toutes les écoles de psychologie nées sur le continent américain, renforcées dans le cas de l'Ennéagramme, par sa redécouverte en Amérique latine (Chili), puis son « exportation » aux États-Unis.
C'est que ses principaux protagonistes l'ont d'abord fait connaître en espagnol, ensuite en anglais, enfin en français. Ce qui vaut à certains termes « consacrés » par les milieux diffusant cet outil en francophonie, des significations parfois assez différentes de l'usage courant.
C'est notamment le cas des mots suivants :

Essence (voir p.50)
Tendance (voir p.77)
Aile (voir p.92)
Niveau (voir p.65)
Type (voir p.30)
Centre (voir p.58)
Intempérance (voir type 7, p.193)

Enfin, certains mots appartiennent au vocabulaire de la psychologie classique. Ils seront réexpliqués dans le texte.

Pour atteindre le plus large public possible, certains auteurs donnent à chaque type de personnalité un nom correspondant à la façon populaire de dénommer la force principale de chacun de ces types (le battant, le solitaire, le chef). J'ai, pour ma part, choisi de me rallier à ceux qui considèrent que cette pratique risque de limiter l'impact de l'Ennéagramme. Il est en effet difficile de ne pas lire quelques pages titrées par *« Le chef »* sans être influencé positivement ou négativement par le souvenir des « chefs » rencontrés dans notre vie. **C'est pourquoi chaque type de personnalité sera représenté par un chiffre.**

> Chaque fois que cela se peut — c'est-à-dire sans alourdir le texte —, j'indique les variétés d'appellation selon les auteurs disponibles en français par les abréviations suivantes :
>
> **(C)** = Patricia et Fabien Chabreuil
> **(S)** = Eric Salmon
> **(P)** = Helen Palmer
> **(T)** = appellation dans la Tradition

La plus ancienne...

Les spécialistes se perdent en conjectures pour ce qui est de préciser **l'origine** de l'Ennéagramme.

Certains font remonter sa découverte au VIe siècle avant Jésus-Christ, en la personne de Pythagore. D'autres le veulent encore plus ancien et trouvent des éléments le préfigurant dans l'Orient Ancien, tel Richard Riso qui

situe ses origines à Babylone, 2500 ans avant Jésus-Christ.
Presque tous s'accordent pour citer Evagre le Pontique et ce qu'il est convenu d'appeler les Pères du désert (au quatrième siècle de notre ère). Mais c'est au sujet de la présence du diagramme — symbole de l'Ennéagramme — chez les soufis que tous s'accordent enfin.
Or, les partisans mêmes de ce mouvement mystique musulman prêtent des dates contradictoires à sa naissance (VIe à VIIIe siècle). *« Dans leurs doctrines et pratiques, plusieurs traces d'influences chrétiennes, zoroastriennes et hindoues se manifestaient.*[1] »
D'autres encore lui trouvent une parenté avec la Cabale. Dans leur excellent ouvrage sur le sujet[2], Maria Beesing, Robert Nogosek et Patrick O'Leary établissent un parallèle des plus intéressants entre les *« fruits de l'Esprit »* de saint Paul dans sa Lettre aux Galates (5.22) et les vertus, propres à chacun des 9 types de l'Ennéagramme.
Il est également intéressant de considérer les rapprochements qui peuvent être établis avec les écrits de Dante et de Geoffrey Chaucer, au XIVe siècle, en Occident.
Tous s'accordent pour considérer neuf tendances principales comme contreparties de neuf forces fondamentales, constitutrices de la variété humaine : la colère, l'orgueil, le mensonge, l'envie, l'avarice, la peur, la gourmandise, l'excès (la luxure) et la paresse.

Des siècles durant, l'Ennéagramme se transmettra par voie orale et secrète.
Ses détracteurs s'appuient généralement sur cette appartenance qu'il est convenu d'appeler *ésotérique*, à ce

---

1. Dictionnaire Robert, Paris.
2. Maria Beesing, Robert Nogosek, Patrick O'Leary, in *L'Ennéagramme, un itinéraire de vie intérieure*, Desclée de Brouwer, Paris, 1992.

mode de transmission (voir *« Vous avez dit " ésotérique " »* ? p. 227).
Bref, l'Ennéagramme n'est pas né d'hier.

De cette appartenance singulière au passé de l'humanité, les théoriciens modernes de la méthode ont conservé :

TROIS POSTULATS DE BASE :

1 *« Il existe neuf types, et neuf seulement, de personnalité humaine »* (comme le rappelle Patrick O'Leary).

2 Chaque être humain appartient — **fondamentalement** — à **un type et un seul** dans l'Ennéagramme.

3 Le moment où un être « EST » (commence à exister) ne peut être précisé.

La plus pertinente...

Nombreux sont ceux qui ont cherché à édifier des typologies humaines.

On trouve en ce domaine d'étonnantes créations. Hippocrate, le premier..., fonde une théorie des catégories humaines d'après leurs humeurs (Sanguin, Flegmatique, Colérique, Mélancolique). Théorie qui demeura la grande référence, des siècles durant.
En 1688, La Bruyère connaît un succès retentissant en publiant ses célèbres *Caractères*, lesquels sont une adaptation du grec Gallien, contemporain d'Hippocrate. Vers la même période apparaît la *phrénologie*, tentative d'établissement d'une typologie humaine, d'après la forme de la tête. La caractérologie d'Heymans et Le Senne éta-

blit, au XIXe siècle, des bases sur lesquelles des millions d'individus vont être appréciés, jugés, en médecine (où elle va appuyer des diagnostics), en justice (où elle va appuyer des jugements), dans les organisations (où elle sert, parfois encore, à la sélection du personnel). C'est le XXe siècle qui voit, avec l'éclosion d'une psychologie de plus en plus distante de la psychiatrie, se multiplier les tentatives de fondement de typologies. C'est C. G. Jung qui propose, au début de ce siècle, sa classification, laquelle repose sur l'opposition entre extraversion (attitude du sujet tourné vers le monde extérieur) et introversion (détourné du monde extérieur et préoccupé de lui-même). H. J. Eysenck, né en 1916, combine la théorie des humeurs et la caractérologie de Jung. Plus tard, W.H. Seldon, E. H. Erikson, E. Kretschmer créent, à leur tour, des « combinaisons » qui ne manquent pas d'intérêt. A partir des travaux de Jung, les modèles de Myers Briggs et David Keirsey constituaient, jusqu'à ce jour, la typologie la plus intéressante et la plus sérieuse. Plus près de nous, la classification du DSM III R *(Diagnostic and Statistical Manual III, Revised)* est utilisée pour l'établissement des diagnostics médicaux et psychiatriques. Elle est également la référence en santé mentale, en matière juridique, comme en ce qui concerne l'analyse des propositions d'assurances-vie (voir l'Ennéagramme des pathologies, p. 83).
De nombreuses tentatives existent encore en matière de formation à la vente et au management (Blake & Mouton, *Process Communication* de T. Kahler).

Aucune de ces tentatives n'atteint le haut degré de pertinence et de justesse de l'Ennéagramme. Ce qui frappe ceux qui l'étudient, c'est la surprenante inspiration qui anime ceux qui l'ont édifié — jusque dans son équilibre

mathématique, étonnant rapport harmonieux à l'intérieur du système.
Autre aspect qui lui vaut sa supériorité : plus que les autres typologies qui privilégient les réalités mentales, l'Ennéagramme replace le cœur à sa juste place.

La plus moderne...

Si l'on retrouve le symbole de l'Ennéagramme mêlé à l'histoire ancienne, la théorie que nous connaissons aujourd'hui a été édifiée au XXe siècle.

C'est un homme, **G. I. Gurdjieff** — souvent défini comme *mystagogue* et nourri d'enseignements soufis et tibétains —, qui a fait découvrir l'Ennéagramme et les cosmogonies qui l'accompagnent en Europe — et plus particulièrement à Paris, au cours des années 20*.
Considéré avec suspicion par les uns, comme l'un des esprits les plus susceptibles de favoriser l'évolution humaine par les autres, c'est assurément un homme dont l'enseignement ne peut laisser indifférent. **Helen Palmer** le considère comme *« un pionnier dans l'adaptation des enseignements spirituels orientaux à l'usage des Occidentaux »*[1].
Bousculant les penseurs les plus audacieux, Gurdjieff dérange en proclamant qu'une grande majorité d'êtres humains vivent une existence mécanique d'endormis,

* Dans les années 20, alors que les milieux intellectuels découvraient Freud, ceux-ci se sont montrés réticents vis-à-vis d'une pensée qui déclarait *« que notre passion — ou principal handicap — pouvait devenir notre principal atout »*.
1. Voir bibliographie.

alors qu'ils sont appelés à l'épanouissement et à la réalisation de soi.

« Gurdjieff affirme que l'individu occidental, asphyxié par une civilisation pragmatique et affairiste, a fini par perdre progressivement sa liberté de penser et d'agir. Assujetti au conditionnement de ses automatismes, sans cesse gouverné par une multitude de petits "moi" qui alternent et dérivent constamment au gré des circonstances extérieures, influencé ou même hypnotisé par la morale et l'éducation, l'individu vit dans l'illusion d'agir constamment, alors qu'il dort. »[1]

Toujours est-il qu'après avoir prodigué un enseignement assez différent de celui que nous allons découvrir ensemble, on n'entend plus parler du sujet pendant 40 ans — bien que certains *groupes d'échanges et d'évolution* se réclamant de l'enseignement de Gurdjieff subsistent aujourd'hui —, c'est par un professeur de psychologie, Oscar **Ichazo** — qui déclare avoir été formé par les mêmes soufis que Gurdjieff — que la méthode réapparaît au Chili et aux États-Unis, dans les années 60/70. **Claudio Naranjo,** psychiatre chilien et élève d'Ichazo, édifie la synthèse, que l'on connaît aujourd'hui, entre l'enseignement prodigué par Ichazo et des données issues des neurosciences. C'est à son travail que l'on doit le rayonnement que l'outil connaît depuis ce temps.
Ce rayonnement doit beaucoup aussi à la divulgation des Jésuites américains, qui se sont pris d'intérêt pour la méthode, facilitant ainsi, via leur ordre, un rayonnement universel.
Pour sa part, Pierre Longin fait dans son livre[2] état de *« plus de dix thèses de doctorat et de plus de 50 livres*

---

1. Frédéric Richaud, in « La Soif de Dieu », Nouvel Observateur, Hors-Série, novembre 1996.
2. Voir Bibliographie.

aux USA, où la célèbre CIA en ferait usage pour connaître les motivations des chefs d'états ».
Aujourd'hui, plusieurs « écoles » diffusent l'Ennéagramme dans le monde.

Voilà pourquoi je présente cet outil comme étant *la plus ancienne, la plus pertinente, la plus juste des méthodes de connaissance de soi, de connaissance des autres, de développement personnel et spirituel.*

Enfin, comme le précise Helen Palmer *« l'Ennéagramme fait partie d'une tradition qui considère les préoccupations de la personnalité comme des enseignements »* et non comme des défauts[1].
Il y a longtemps que des hommes cherchent à édifier une typologie juste. Ils ne savaient pas qu'elle existait. Ils viennent de la redécouvrir…

1. Voir Bibliographie.

Tous...
nous sommes capables

- d'aimer,
- d'éprouver des sentiments,
- de vivre des émotions,
- de penser, de faire preuve d'humour,
- de réussir des choses,
- d'apprécier les autres, d'apprécier la vie,
- de travailler avec courage,
- de faire preuve d'humilité, de simplicité, de patience, de tempérance, d'harmonie, de vérité, de logique, d'intelligence,
- de savoir acquérir et partager des connaissances, de désintéressement, d'acceptation, de soutien, de contentement,
- d'être loyaux, confiants et dignes de confiance, compatissants, bienveillants, studieux, fidèles, scrupuleux, charitables, créatifs, décents, sensibles, économes, équilibrés,
- d'être actif, professionnellement, socialement, spirituellement, de ressentir les choses et les gens,
- d'évoluer, de se développer, de grandir.
- Humainement de devenir la personne qu'on est vraiment, humainement et spirituellement

Beaucoup ont...
peur de la souffrance, de la colère, du vide intérieur, de l'échec, des conflits, de la faiblesse, de la banalité, de reconnaître leur importance.

Mais ce qui nous différencie les uns des autres, c'est l'ordre dans lequel certaines qualités prédominent par rapport aux autres.

Tous
nous pouvons...

- être coléreux, paresseux, envieux, peureux, avaricieux, menteurs, culpabilisants, dévalorisants à l'égard des autres ou de soi-même,
- être intempérants, inconscients, illogiques, indolents, narcissiques,
- manifester de l'orgueil, de l'indifférence, de la dépendance vis-à-vis de choses ou de personnes,
- tromper les autres et soi-même
- fuir la colère, la reconnaissance de nos propres besoins, l'échec, la banalité, le vide intérieur, la souffrance, la faiblesse, les conflits.

Nous sommes capables...
d'agressivité, de hargne, de colère, de faiblesse, de mensonge, de paresse, d'envie, d'excès, de luxure, d'intempérance, de lâcheté, d'avarice, de gourmandise, d'avoir peur, d'être triste, de s'abrutir, de se projeter « dans » les autres, de réprimer les autres, de jouer un rôle, de s'isoler, d'introjecter, de rationaliser, de pratiquer le déni.

Mais ce qui nous différencie les uns des autres, c'est l'ordre dans lequel certaines de ces limites prédominent par rapport aux autres.

Chacun de nous est un conglomérat de certaines qualités, talents, forces, faiblesses, tendances... organisés, rassemblés d'une manière particulière et originale.

Nous sommes tous l'ensemble de toutes les sensations, de tous les ressentis, nous avons tous l'ensemble de toutes les potentialités, de toutes les forces et faiblesses humaines, mais chacun d'entre nous est un conglomérat (un assemblage, un regroupement) particulier de ces réalités, dans lequel certains de ces éléments sont plus présents que d'autres.

L'Ennéagramme est un outil qui permet à chacun de comprendre quel est son propre conglomérat, comment il se forme, comment certains de ses aspects l'emprisonnent, comment faire pour se dégager de ses enfermements et évoluer.

De même, il permet de comprendre — et prendre en compte — quels sont et comment se constituent les conglomérats des autres.

C'est CETTE organisation particulière et originale qui définit le Type d'une personne dans l'Ennéagramme.

Aperçu rapide sur les neuf types

L'Ennéagramme propose une théorie de la personne humaine selon laquelle chacun façonne une personnalité, en réaction à partir de sa ***compulsion,*** c'est-à-dire à partir de ce que chacun *« cherche à éviter à tout prix ».* Cette importante notion est expliquée plus loin.

> **Chacun possède les neuf forces/tendances constitutives de la personnalité humaine, mais comme il en est UNE qui domine chez chacun, il sera désormais question du type « Un », du « Deux », du « Trois » qu'il faut entendre comme :**
> **— la personne chez qui domine la force/tendance Un**
> **— la personne chez qui domine la force/tendance Deux, etc.**

Il y a neuf types de personnalités, que voici décrits une première fois. Cette lecture est utile avant de lire les chapitres qui présentent les « outils » qu'utilise cette méthode.

Les exemples donnent, pour l'instant, un seul aspect de la façon de vivre d'un type de personnalité.

Type 1

Albert est comptable.
Sa direction sait qu'elle peut compter sur lui, il travaille très scrupuleusement. Avec ses collègues, Albert éprouve parfois des difficultés.

Avec Simone, notamment, à qui il reproche « de rire ou de pleurer pour un rien », ce qui le met dans une colère qu'il se garde bien de montrer.
Avec ses enfants, Albert considère qu'il faut « leur inculquer des notions morales fondamentales » comme il dit. Ce qui le rend un peu distant, mais avec eux comme avec tout le monde, il lui arrive aussi de faire preuve de patience et d'humour.

La personne de type Un est une personne qui se distingue des autres par le haut degré d'exigence (morale, notamment) et par un désir de perfection qu'elle apporte à ce qu'elle fait. Elle est soigneuse, ordonnée et méticuleuse. Elle trouve souvent que les résultats ne sont pas à la hauteur de ses exigences, et cela la met en colère contre les autres, et contre elle-même. Colère qu'elle n'exprime pas (tout comme ses autres sentiments qu'elle n'exprime que rarement également), parce qu'elle pense que cela provoquerait des jugements négatifs. Enfin, la caractérise encore la peur de mal faire, et un mode de jugement binaire (c'est bien ou mal, blanc ou noir).

Parce qu'enfant, elle s'est identifiée négativement à une « image autoritaire idéale », la petite personne de type Un a attaché beaucoup d'importance aux interdits et s'est très vite sentie inadéquate par rapport aux modèles qu'on lui a enseignés, ce qui a développé en elle une peur importante vis-à-vis de la colère (la sienne et celle des autres).

Sa ***compulsion :*** éviter la colère.

♦ Au meilleur d'elle-même, la personne de type Un se montre attentive aux autres, avec patience. Elle exprime avec aisance et respect ses idéaux élevés.

Ce qui compte pour le type Un : être reconnu pour la qualité de ce qu'il fait. — Ne pas être pris en défaut. — Avoir raison.

Type 2

Jacqueline est très appréciée de ses collègues, pour lesquels elle se dépense sans compter. Elle devine leurs moindres souhaits, disposition dont elle se vante parfois : « Si je n'étais pas là ! » A d'autres moments, par contre, elle peut agir avec une grande discrétion.

La personne de type Deux se montre très généreuse et très attentive à l'égard des autres. Elle aime prévoir et s'occuper des désirs de ses semblables, ce qui la rend très sociable. C'est une personne qui a une grande capacité à réconforter les autres. Très disponible, elle est particulièrement fière de savoir si bien s'occuper des autres, en considérant qu'elle-même n'a pas beaucoup de besoins. Elle aime qu'on lui exprime de la reconnaissance, mais prétend souvent qu'il n'en est rien. Elle est parfois culpabilisante, jalouse et possessive et n'arrive que difficilement à refuser.

Parce qu'enfant, la petite personne de type Deux a réussi à se faire sa place en s'occupant des autres, cette façon de faire s'est tellement ancrée en elle qu'elle a fini par en oublier ses propres besoins.

Sa ***compulsion :*** éviter le rejet et éviter de reconnaître ses propres besoins.

♦ Au meilleur d'elle-même, la personne de type Deux devient capable d'une humilité et d'un altruisme sincères et diffuse autour d'elle un amour de qualité.

Ce qui compte pour le type Deux : être reconnu pour les qualités d'attention et de dévouement qu'il offre. — Être aimé.

Type 3

Robert est un cadre dynamique. On sait qu'on peut lui confier une affaire, elle sera rondement menée; il saura entraîner ses collaborateurs, mais gare à ceux qui ne le suivent pas ! Robert pense que, pour arriver à ses fins, quelqu'un peut tronquer la vérité, mais il lui arrive aussi d'être tout à fait sincère.

La personne de type Trois est capable d'agir avec efficacité. Pour elle, il est très important de réussir ce qu'elle entreprend (vie professionnelle, familiale ou sociale). Avant tout, elle redoute l'échec, mais aime les défis. C'est une personne souvent courageuse, très énergique, exigeante pour elle-même comme pour les autres. Elle s'autorise souvent à « jouer » un rôle pour atteindre ses buts et considère qu'elle peut tromper les autres. Il lui arrive même de se tromper elle-même. Dans la vie, elle aime progresser. Pouvoir séduire les autres et la notion de prestige sont importants pour elle.
Parce qu'enfant, elle s'est identifiée positivement à une autorité qui l'admirait, elle cherche à reproduire des situations susceptibles de provoquer l'admiration des autres.

Sa ***compulsion :*** éviter l'échec.

♦ Au meilleur d'elle-même, la personne de type Trois devient authentique, capable de faire preuve de réussite, tout en acceptant fort bien ses limites.

Ce qui compte pour le type Trois : être reconnu pour ce qu'il fait, ce qu'il réussit. — Être apprécié.

Type 4

Ingrid est architecte de jardins, un métier qu'elle a en grande partie choisi pour ne pas faire ce que son père souhaitait : dentiste.
Elle s'arrange pour être bien avec beaucoup de gens.
Certains la trouvent parfois trop solitaire.
Attentive à la façon dont les autres la perçoivent, elle consacre beaucoup de temps à personnifier sa façon de s'habiller et d'arranger son appartement.

La personne de type Quatre fait preuve de sensibilité et d'originalité. C'est quelqu'un qui vit ses émotions avec intensité. Elle craint beaucoup les critiques.
Elle est aussi assez souvent mélancolique, solitaire. Elle se réfugie alors dans son imaginaire, qui est très riche.
Ce qu'elle a en horreur, c'est de paraître conforme, banale.
C'est aussi une personne qui envie souvent les autres.

Parce qu'enfant, une « blessure » lui a donné l'impression de n'être pas aimée, la petite personne de type Quatre s'est mise à se réfugier dans son imaginaire.

Sa ***compulsion :*** éviter la banalité.

♦ Au meilleur d'elle-même, la personne de type Quatre fait preuve de créativité et d'un sens artistique élevé. Elle devient alors capable de transformer ses expériences de vie en éléments d'évolution.

Ce qui compte pour le Quatre : être reconnu pour son identité. — Être différent.

Type 5

André est enseignant, métier qu'il a choisi parce que cela « l'oblige à se tenir au courant des choses », répète-t-il souvent. En société, il lui arrive parfois de rester distant et même aussi, de refuser toute invitation, en pensant « Ces gens ne sont pas très intéressants ».

La personne du type Cinq est quelqu'un qui aime assimiler beaucoup de connaissances (dans tous les domaines). Dans son rapport aux autres, elle privilégie la logique par rapport à l'émotion, qu'elle a d'ailleurs du mal à exprimer. Elle craint avant tout l'intrusion de l'autre dans sa « sphère » personnelle. Elle n'aime pas tellement les rencontres, surtout sous la forme de réunions (familiales ou professionnelles) et éprouve le besoin fréquent de se retrouver seule avec elle-même (et ses livres).
Souvent, elle se montre avaricieuse de ce qu'elle sait, comme de son temps.
Elle préfère souvent observer ce qui se passe plutôt que d'y participer. Son mental est presque toujours actif.

Dans son enfance, la petite personne de type Cinq a vécu l'impression de n'être pas aimée à sa juste mesure. Ceci l'a menée à éviter les autres et à chercher à se distinguer par l'accumulation des connaissances.

Sa ***compulsion :*** éviter l'intrusion et le vide intérieur.

♦ Au meilleur d'elle-même, la personne de type Cinq devient large d'esprit, capable de désintéressement et d'un excellent rapport avec ceux qui l'entourent.

Ce qui compte pour le type Cinq : être reconnu pour ce qu'il sait, ce qu'il connaît. — Être utile, être « au courant ».

Type 6

Aline est une femme ponctuelle. Elle arrive toujours à l'heure à tous ses rendez-vous. Comme la vie sociale n'est pas son fort, les autres disent parfois d'elle qu'elle est timorée. Dans sa vie professionnelle, il y a des chefs qu'elle a appréciés — dans ce cas, elle est excellente exécutante — d'autres qu'elle critiquait, mais alors, elle ne les respectait pas beaucoup.

La personne de type Six est une personne capable de sympathie et, surtout, de liens forts avec ses semblables (ses proches, sa famille, « ceux de son clan »); elle est souvent plus soupçonneuse à l'égard des autres.
Elle possède une grande capacité intuitive qu'elle utilise surtout pour apprécier les risques et le caractère menaçant des autres.
Cela lui vaut souvent un bon sens de l'humour.
Sa grande difficulté est la confiance, dans les autres, dans la vie.
Vis-à-vis des personnes qui la rassurent, elle fait preuve d'une grande loyauté. Elle apprécie une autorité forte et loyale, à laquelle elle se soumet volontiers.
Ou, si celle-ci la déçoit, elle peut alors prendre le contrepied systématique.

Enfant, la petite personne de type Six a vécu des expériences qui l'ont amenée à se méfier de beaucoup de choses, mais surtout des autres.
Elle a appris à s'en protéger en se réfugiant dans la droiture. Sous stress, la peur explique beaucoup ses attitudes.

Sa ***compulsion :*** éviter la déviance, la trahison.

♦ Au meilleur d'elle-même, la personne du type Six fait preuve de courage et de loyauté. Elle se montre positive, intéressée par la vie et attentive aux autres.

Ce qui compte pour le type Six : être reconnu pour sa droiture. — Être capable de survivre par lui-même.

Type 7

Lucien est un excellent animateur. On l'apprécie pour son entrain. Il aime s'occuper de choses très variées, même sur le plan sentimental.
On le croit parfois superficiel. Il s'amuse d'un rien, ce qui le rend sympathique à bien des gens.

La personne de type Sept se caractérise par la vaste étendue de ses intérêts. Elle cherche à éviter la souffrance et l'enfermement. Elle peut entreprendre plusieurs choses à la fois, parfois avec une certaine gloutonnerie, sans forcément achever ce qu'elle a entrepris. Cela la rend superficielle aux yeux des autres, mais ceux-ci apprécient son goût de vivre et sa gaieté.
Elle aime s'occuper de ce qui l'intéresse et y déploie alors beaucoup d'énergie. Face à l'adversité, elle réagit en recherchant des pensées et des activités plaisantes. Elle éprouve beaucoup de difficultés à accepter le caractère routinier d'une chose, et s'empresse alors de chercher à la diversifier.

Enfant, la petite personne de type Sept s'est sentie privée de sa mère, ou de la figure d'autorité et d'affection, ce qui l'a amenée à chercher à ne plus se sentir en situation de manque.

Sa ***compulsion :*** éviter la souffrance et l'enfermement.

♦ Au meilleur d'elle-même, la personne de type Sept est capable d'exprimer de la joie et de l'optimisme vis-à-vis de la vie et des autres.

Elle fait montre d'une grande capacité d'intégration de ses expériences de vie, et de compassion vis-à-vis des autres.

Ce qui compte pour le type Sept : être reconnu pour son plaisir de vivre. — Ne pas manquer de stimulants.

Type 8

Chez les scouts, Bernard était « chef » de patrouille.
Dans la vie professionnelle, il est devenu patron « à force de persévérance » comme il dit souvent. Sa vie affective est en dents de scie.
Il « collectionne » les blondes tapageuses. Mais il lui arrive d'être simple et entraînant.

La personne de type Huit est quelqu'un de travailleur et d'entraînant. Elle correspond souvent à ce que les gens appellent un « chef né ».
Parce qu'elle cherche à garder le contrôle de ce qui se passe autour d'elle, elle en vient à imposer son propre point de vue, à minimiser celui des autres qu'elle va souvent combattre. Cette façon de faire l'amène d'ailleurs à *« considérer la vie comme un éternel combat »*, contre elle-même (elle contrôle aussi beaucoup ses émotions) et contre les autres.
Elle fonctionne souvent en termes de « tout ou rien ».
Elle est souvent excessive, enthousiaste et énergique.

Enfant, la petite personne de type Huit est entrée en compétition et a su imposer assez rapidement son point de vue à l'autorité parentale.

Sa ***compulsion :*** éviter la faiblesse.

♦ Au meilleur d'elle-même, la personne de type Huit est capable de courage et de puissance. Elle devient capable d'indulgence et de compréhension.

Ce qui compte pour le type Huit : être reconnu comme fort. — Pouvoir affirmer son autorité.

Type 9

Paul est apprécié parce que, dans toutes les activités qu'il mène, règne toujours un bon climat.
Quand un conflit éclate, soit il déploie une énergie rare, soit il baisse les bras et se réfugie parfois dans l'alcool.

La personne de type Neuf est une personne qui cherche à ce que la meilleure entente règne autour d'elle. Ce qui l'amène à savoir bien écouter les autres, à parfois trop supporter, à minimiser les vrais problèmes et peut la conduire à l'indolence, à l'impression de sérénité qu'apportent les habitudes et le rejet de la nouveauté, comme à fuir la prise de décision. Elle aime vivre à son propre rythme, apprécie souvent la nature et déteste être « pressée » par le temps.

Enfant, la petite personne de type Neuf s'est identifiée au rôle parental de bienveillance et de soutien, en oubliant ses besoins personnels.

Sa ***compulsion :*** éviter les conflits.

♦ Au meilleur d'elle-même, la personne de type Neuf est capable d'acceptation et de soutien. Sa recherche de la paix intérieure et extérieure en fait souvent une très bonne médiatrice, sûre d'elle-même, autonome et accomplie.

Ce qui compte pour le type Neuf : être reconnu comme facile à vivre. — Ne pas être séparé de ce à quoi il tient.

« POUR MOI, CE QUI COMPTE, C'EST D'ÉVITER... »

Comme le disent M. et Mme Toulmonde, s'ils sont :

type 1	« ...d'être surpris en colère »
type 2	« ...de ne servir à rien »
type 3	« ...de ne pas être apprécié, admiré »
type 4	« ...de n'être pas reconnu comme différent des autres »
type 5	« ...d'être envahi par les autres »
type 6	« ...qu'on ne soit pas réglo avec moi »
type 7	« ...les emmerdements »
type 8	« ...d'être perçu comme n'étant pas à la hauteur; de ne pas pouvoir contrôler ce qui se passe »
type 9	« ...les mésententes, les tensions ! »

Attention ! Dans son existence, chacun évolue soit positivement vers ce que l'Ennéagramme appelle *« Évolution »* (ou Intégration), soit vers la *« Régression »* (ou Désintégration). Ceci est développé plus loin.

Ce qui est important pour chaque type

Avant de proposer les portraits des neuf types de l'Ennéagramme dans la Partie IV, voici un tableau de synthèse de ce qui importe pour chaque type.
Attention ! Les psychologues nous disent qu'il arrive fréquemment que des personnes ne soient pas clairement conscientes de ce qui, dans la vie, les « font courir »...

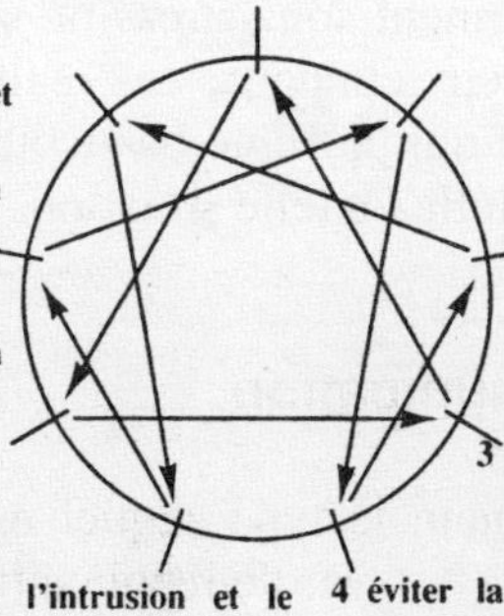

Les applications de l'Ennéagramme

Connaissance de soi

Parce qu'il explique comment des mécanismes inconscients nous ont façonnés, l'Ennéagramme permet de reconnaître à quel type on appartient, ce qui est extrêmement précieux. Cette découverte provoque à la fois surprise et évidence.

Outil de prévision

Nous savons bien combien nous sommes différents dans les moments de stress (lorsque quelque chose nous dérange, nous irrite ou nous effraie) ou dans les moments où nous sommes en bonne forme, et dans de bonnes conditions. L'Ennéagramme montre que les différences entre notre comportement de qualité (bonnes conditions) et notre comportement sous stress ne sont pas dues au hasard, et que mieux connaître ces réalités-là nous permet de prévoir ce qui présente beaucoup de chances de se produire dans telle ou telle situation.

Outil de communication

Lorsqu'on a reconnu le type auquel on appartient, on peut commencer à essayer de reconnaître celui de notre interlocuteur, et ainsi agir sur la relation (la communication) qui existe entre lui et nous.

L'Ennéagramme permet ainsi de mieux savoir ce qui a fait réussir ou échouer une communication. Dans le cas d'un raté, il permet de savoir à quoi il faut se montrer plus attentif pour arriver à la réussir.

Outil de développement

Bien savoir d'où l'on vient, quel mode d'être nous avons adopté, quelle façon d'entrer en relation avec l'autre, les autres, le monde et la vie, nous permet de situer le parcours de notre vie, et nous permet enfin de fixer le type d'évolution que nous choisirons.

Partie II

DÉCOUVERTE DE L'ENNÉAGRAMME

Le diagramme

Comme déjà indiqué, l'Ennéagramme est une méthode d'analyse et de représentation de la richesse de la personnalité humaine.

C'est également un système d'explication de la variété des types humains. Il peut s'avérer très utile pour la vie professionnelle, comme pour la vie privée.

Il est également permis de le définir comme moyen de (re) conciliation entre les différentes parties d'une même personne.

Le mot **ennéagramme** (du grec « enné » qui signifie « neuf » et « gramma » qui signifie « figure ») signifie donc *figure*, symbole graphique à neuf éléments : un polygone à neuf pointes (ennéagone) — représentées dans un cercle qui les relie.

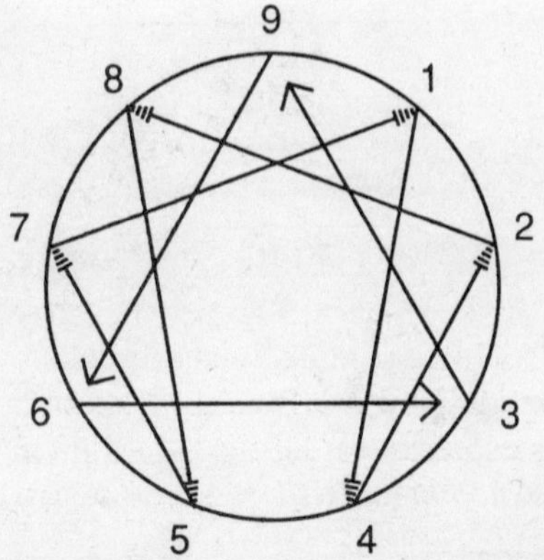

L'Ennéagramme est un outil de connaissance de soi — sans doute celui qui répond le mieux à la question que chacun se pose un jour « Qui suis-je ? » — qui traite du psychisme humain et de sa vie intérieure.
Ce graphisme, issu de la Tradition, représente les neuf forces fondamentales créatrices de la réalité psychique humaine.
Nous verrons plus loin pour quelles raisons les êtres humains développent principalement l'***une*** d'entre elles.
Et l'Ennéagramme devient un merveilleux instrument d'explication de la variété humaine, une **typologie.**

L'Ennéagramme se distingue des systèmes réducteurs de connaissance de l'humain parce qu'il invite à considérer la dynamique du développement humain.
Chaque être humain effectue, pour le moins, un certain parcours évolutif dans sa vie.
Il n'est pratiquement aucun être humain qui ne soit plus évolué à l'âge adulte qu'il ne l'était dans son enfance.
L'Ennéagramme est une méthode qui s'intéresse et s'appuie sur ce développement, sur cette évolution de chacun.

Étonnantes caractéristiques numériques

J'ai déjà dit plus haut la possible parenté de l'Ennéagramme avec Pythagore, l'un des plus grands mathématiciens de la Grèce antique, bien que cela reste à prouver.
Je ne m'étendrai pas non plus sur les rapports établis par les savoirs ésotériques, lesquels soulignent les appartenances aux *nombres divins* : le 3 de la Trinité et le 7 de l'Octave.

Il n'en reste pas moins que le symbole central de la méthode, l'ennéagone, obéit à des lois géométriques et mathématiques assez évidentes et surprenantes.
Tout d'abord, il faut considérer que l'Ennéagramme se compose de deux figures géométriques superposées : un triangle équilatéral dont les chiffres dépendent des nombres issus de la division sans fin par trois, des trois premiers nombres :

1 : 3 = 0,33333
2 : 3 = 0,66666
3 : 3 = 0,99999

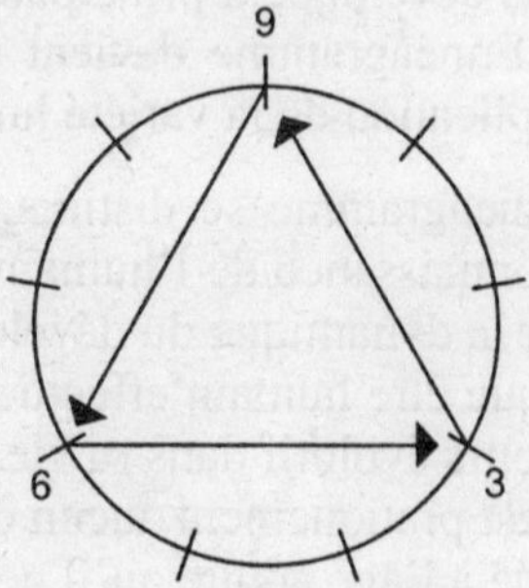

Une seconde figure géométrique (un hexagone irrégulier) dont les chiffres dépendent, eux, des nombres issus de la division sans fin par sept, de ces mêmes premiers :

1 : 7 = 0,142857142857
2 : 7 = 0,285714285714
3 : 7 = 0,428571428571

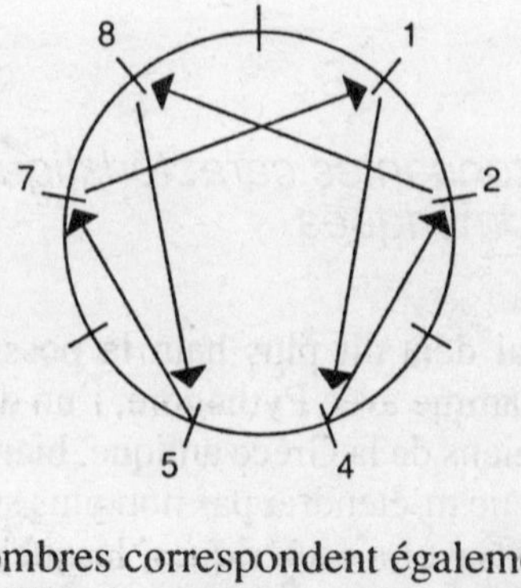

Remarquons que ces nombres correspondent également à l'ordre des *flèches* de l'Ennéagramme — dont le sens sera expliqué plus loin.

Certains ne manquent pas de faire des rapprocnements entre l'Ennéagramme et la Divina proportione, de Luca Pacioli, en 1509.

On rejoint alors, pleinement, le champ de l'ésotérisme. (Voir « *Vous avez dit ésotérique ?* », p. 227).

Différents artistes, comme Léonard de Vinci et Albert Dürer, ont fait état de la figure géométrique suivante :

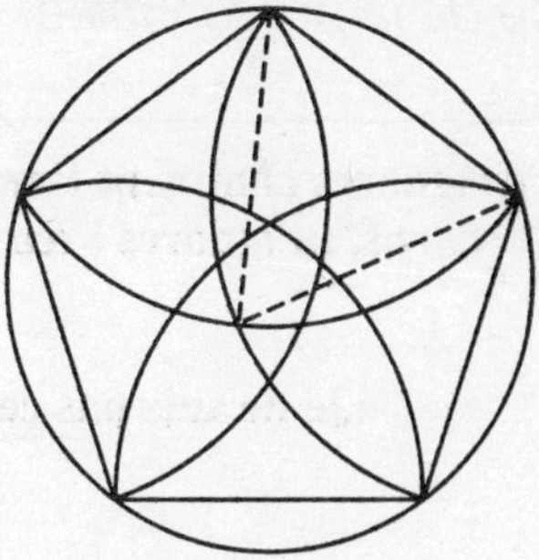

Un postulat fondamental de l'Ennéagramme

De l'essence à l'existence ou naissance de la personnalité

> **« Puisque tu ignores comment l'âme est unie au corps, tu ignores l'œuvre de Dieu. »**
> L'Ecclésiaste
>
> **« Je ne suis pas ce que je suis. »**
> Shakespeare
>
> **« Nous ne sommes pas encore nés au monde. »**
> Rimbaud

Il est un postulat sur lequel les références écrites les plus anciennes rejoignent les protagonistes les plus récents de l'Ennéagramme — s'appuyant notamment sur les travaux de scientifiques aussi célèbres que le prix Nobel de chimie, le professeur J. Eccles[1] — c'est celui de la conception de l'être humain.

Sans développer, je m'en tiendrai à la synthèse suivante :

1. Voir Bibliographie.

Lorsque le petit d'homme (que nous avons tous été) vient au monde*, il n'est que corps (physique et terrestre) et âme (spirituelle et cosmique).
C'est cette âme qui constitue l'*essence* de son être, éternelle par nature. C'est-à-dire son Être profond (appelé aussi le *Soi*).
Ce que la grande majorité des Occidentaux appelle leur *personnalité*, c'est le *Moi* ou *Ego*.

« L'essence dans l'homme est " ce qui est à lui ". La personnalité est " ce qui n'est pas à lui ". "Ce qui n'est pas à lui " signifie : ce qui est venu du dehors, ce qu'il a appris, ou ce qu'il reflète; toutes les traces d'impressions extérieures laissées dans la mémoire et les sensations, tous les mots et tous les mouvements qui lui ont été enseignés, tous les sentiments créés par imitation, tout cela est " ce qui n'est pas à lui ", tout cela est la personnalité »[1].

Le Moi est en fait une partie de notre être **physique****
qui se suradapte, au début de l'existence (ce qui concerne la durée de vie terrestre d'un individu est son *existence*), aux besoins et aux pressions de son environnement proche, constituant ainsi un Ego.

On ne sait pas bien — ni les scientifiques, ni les spécialistes de l'Ennéagramme — comment se forge la personnalité humaine, bien que les mondes de la philosophie et de la psychologie aient déjà proposé d'intéressantes hy-

1. *Fragments d'un enseignement inconnu,* P. Ouspenski (voir Bibliographie).
* Rappelons-nous un autre postulat, déjà énoncé (qui indique qu'on ne peut pas définir à partir de quel moment un être humain EST).
** Le cerveau fait partie de notre corps et les fonctions cérébrales sont bel et bien les constituants de notre « Moi » (de notre Ego), qu'on appelle notre personnalité.

pothèses à ce sujet (lesquelles, à y regarder de près, ne sont pas franchement contradictoires, par rapport à ce qui est présenté ici).

Ces hypothèses se situent au-delà de la dichotomie stérile « corps><esprit ».

Jung, notamment, distingue ce qu'il appelle *« l'âme »* — l'être profond (« qui on est vraiment ») — de la *« persona »* d'un sujet (ou masque social).

Le bouddhisme, pour sa part, définit cet *« atman »* (essence), comme distinct du *« poudgala »* (individu)[1].

Pour le monde de l'Ennéagramme, les choses se passent comme suit.

Bien que ce qui suit ne puisse être prouvé — selon les critères absolus des sciences dites exactes —, je pense que nombreux sont ceux qui peuvent pressentir le bien fondé de ce postulat.

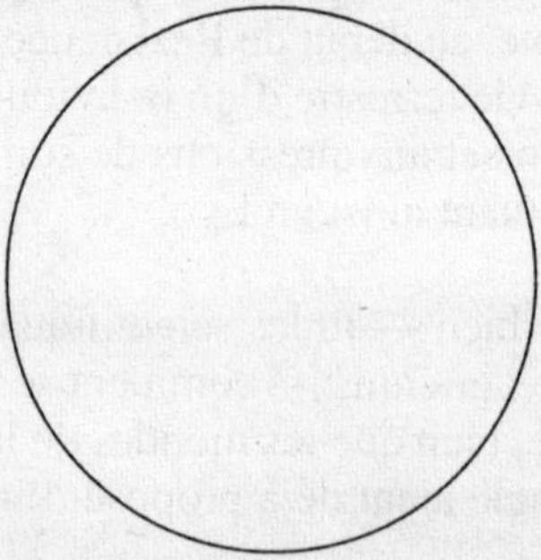

Lorsque le petit d'homme vient au monde, il est *«essence»*.

1. In *Le bonheur-liberté, bouddhisme profond et modernité*, Serge Kolm, PUF.

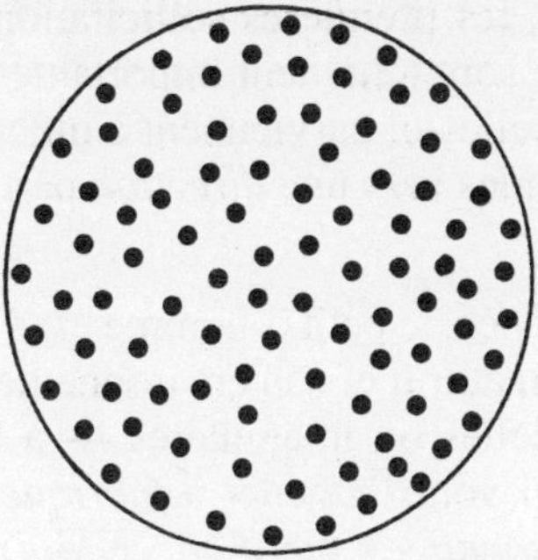

Son «*Ego*» commence à se former, en réaction aux pressions de son entourage.

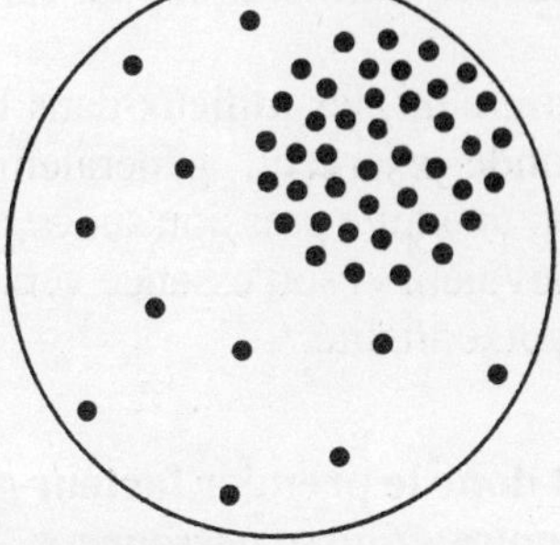

Ces pressions «*orientent*» la formation de son Ego dans une direction particulière : celle de son type, animé par un *mécanisme de défense,* une *compulsion,* une *tendance principale,* ainsi qu'une *vertu* et une *force principale* potentielles.

Les notions de *mécanisme de défense*, de *compulsion*, de *tendance principale*, de *vertu* et de *force principale* sont centrales pour l'Ennéagramme.

C'est pourquoi elles occupent une place importante dans la suite de ce livre.

Autrement dit, les premières sollicitations que subit le petit d'homme sont tellement importantes pour le corps qu'il est, que celles-ci parviennent à infléchir ses potentialités psychiques *vers* une *direction* particulière.

De par son essence, le petit d'homme est d'abord capable de confiance en autrui et son environnement. Ce sont les menaces — réelles ou imaginaires — à l'égard de son « intégrité » qui vont l'amener à *fabriquer*, progressivement, ce *« personnage »* (cet *Ego*, ce *Moi*) qu'il sera fortement tenté de prendre pour sa vraie personnalité.
Cette *fabrication* se produit par une façon de faire que la psychologie classique appelle : par **essais-erreurs.**
Ce qui veut dire : par essais, suivis de l'observation des résultats atteints, et rectification pour faire de nouveaux essais.
Dit encore autrement, les milieux dans lesquels le petit arrive au monde exercent, généralement assez peu consciemment, une telle pression sur ce petit qu'ils « dévient » (ou « dévoient ») son essence vers la construction d'un type de personnalité.

• **La peur est donc le premier facteur générique** de ce qui s'appelle notre *« fausse personne »*.
Et comme très vite, le petit comprend ce qui est attendu de lui, il entame cette édification de ce qu'il prend pour « sa » personnalité.
Les « récompenses » qu'il reçoit pour la construction de sa personnalité sont tellement *gratifiantes* pour lui qu'il reproduit et reproduit encore ce qu'on lui présente comme comportement à adopter.
Cela est renforcé par les milliers de *« Bravo, c'est bien ! Tu es un(e) grand(e) garçon (fille) ! »* qu'il reçoit dans sa petite enfance, et qui le détournent de son essence.

Un sommet de ce type de messages contribuant à renforcer l'Ego du petit se manifeste quand une personne, importante à ses yeux, dit : *« C'est tout à fait son grand-père (sa grand-mère) »* ou *« sa sœur, le cousin Guillaume »* prononcé avec fierté.

• **La création d'une identité est donc le deuxième facteur générique** de la fausse personne. Les premiers entourages donnent au petit d'homme une « image » à laquelle il est invité — ou forcé — à ressembler. Ceci correspond à ce que la psychologie classique appelle le *mécanisme d'identification.*
L'ensemble des éléments décrits va imprimer chez la personne ce que Gurdjieff nomme la *Tendance Principale* d'une personne.

Tout ceci se rapproche de certains auteurs de la psychologie classique, pour qui *« l'essentiel de la personnalité a été construite autour des premiers mécanismes de défense découverts par le petit d'homme ».*

C'est donc surtout selon les particularités de ces premiers environnements (les personnes qui comptent vraiment) que tel être humain va surtout développer un Ego très (trop) altruiste à l'égard des autres et éviter de reconnaître ses propres besoins, tel autre va développer la rigueur personnelle et le goût de la perfection en évitant surtout la colère, tel autre encore la capacité d'agir et l'évitement de l'échec, telle autre encore le courage et la loyauté, en évitant la déviance, et ainsi de suite…

... Nous trouvons ici la **genèse des neuf types de personnalité** de l'Ennéagramme.

Et les neuf types de base vont se constituer en fonction d'une peur spécifique, propre à chaque type, et sur ce que chacun va, par conséquent — mais inconsciemment — avant tout, chercher à fuir (et qu'on appelle sa **compulsion**) :

Peur archaïque de base	**Compulsion (cherche à éviter)**
1 mal faire	la colère
2 ne servir à rien	la reconnaissance de ses propres besoins, le rejet
3 ne pas être aimé s'il ne fait rien	l'échec, la non-reconnaissance
4 être abandonné	la banalité
5 être envahi	le vide intérieur et l'intrusion
6 être trahi	l'autorité imprévisible et donc : la déviance
7 souffrir et être enfermé	la souffrance et l'enfermement
8 paraître faible	la faiblesse
9 s'exprimer et que cela entraîne un conflit	le conflit

C'est donc un véritable détournement de l'essence de leur être que des millions de gens vivent sans en prendre conscience. (Ce sont les « endormis » de Gurdjieff[1]).
Alors que d'autres — surtout au XXe siècle, en ce qui concerne notre partie du monde — vivent parfois des ***moments privilégiés,*** dans lesquels ils se sentent comme envahis par une sensation de nostalgie vis-à-vis d'un *presque rien,* d'un *je ne sais quoi* qui les prend, soit dans un sommet de la crise d'adolescence, soit dans des circonstances particulières de la vie adulte.
Une sensation de doute vis-à-vis des voies d'évolution qu'ils ont empruntées, des décisions d'orientation qu'ils

1. Voir *Fragments d'un enseignement inconnu.* Voir Bibliographie.

ont prises. Une sensation qu'accompagne une question sourde. Soit *« Qui suis-je vraiment ? »*, soit *« Suis-je vraiment la personne que je crois être ? »*
Avec une interrogation, souvent angoissée, sur la part d'auto-liberté qui a guidé leurs choix : illusion ou réalité ?

En résumé, notre Ego (notre fausse personnalité) est le résultat d'une « programmation » qui nous a détourné de notre Essence profonde.
Une programmation qui « construit » nos types de sensations, notre manière de penser, notre manière sociale d'être.

SCHÉMA DE CONSTITUTION DE L'EGO

de bas en haut :

Habitudes

⇑ CONSCIENT

Comportements répétés ---------------------------------
(Tendance principale)

⇑

Mécanismes INCONSCIENT
de Défense et compulsion

⇑

PEUR DE L'ENFANCE

D'après Eric Salmon

L'être humain et ses trois Centres

La **théorie des «3 Centres»** (due à Gurdjieff) est une première voie d'accès permettant de définir le type d'une personne. Elle permet de dégager des caractéristiques communes à trois groupes de trois types. Cette théorie présente la façon dont chacun utilise son énergie physique et psychologique.
Chaque être humain se caractérise par la façon dont il privilégie l'un de ces trois **Centres.**

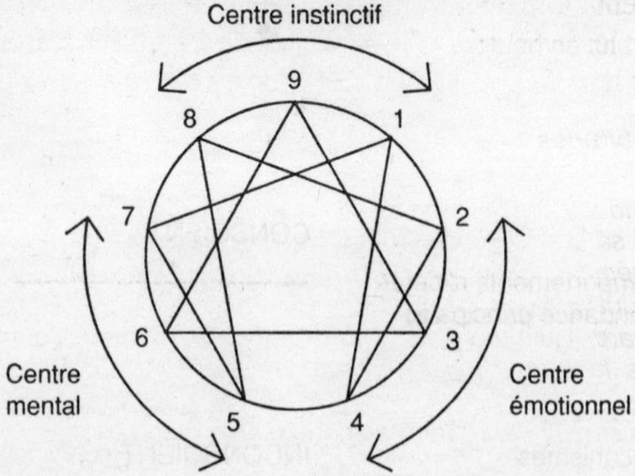

Tous les humains possèdent ces trois Centres.
De par sa fréquence d'utilisation, de par l'aisance qu'il y trouve ou l'inconfort qu'il y ressent, chaque être humain a un Centre préférentiel, un Centre qu'il utilise en deuxième lieu et un Centre réprimé.

Le Centre Instinctif-Moteur

Il concerne l'aspect viscéral de nos comportements et les fonctions motrices de notre corps.
C'est aussi le domaine de nos pulsions premières.
Cela veut dire que les types 1, 8 et 9 *fonctionnent* d'abord selon leur instinctivité. Beaucoup de leurs réactions et attitudes dans l'existence répondent à la notion de ***persistance dans le temps.***
Cela signifie, notamment, que les 1, 8 et 9 n'aiment pas le changement, et qu'ils ont développé beaucoup d'habitudes.
D'une certaine manière, leur attitude première exprime : *« Prenez-moi comme je suis. »*
Dans les exemples de ce chapitre, les mots soulignés représentent le lien avec le Centre privilégié.
Pour les 1, 8 et 9, c'est à partir de ce qu'ils ressentent dans leur Centre Instinctif qu'ils déclarent *l'homme peu capable d'agir sur le monde*.

Quand il est irrité, Albert (Un) *serait facilement prêt à cogner, mais sa bonne éducation lui fait retourner ses colères contre lui-même.*
Cela lui vaut des maux de dos, et parfois des ulcères.
Bernard (Huit) *ne s'encombre pas des analyses contradictoires faites par les ingénieurs à l'égard du projet 2002. Il fonce.*
Sous stress, Paul (Neuf) *se détend en fumant…*

Le Centre Mental

Il concerne l'aspect intellectuel de nos comportements.
Cela veut dire que les types 5, 6, 7 *fonctionnent* d'abord

selon leur tête. Beaucoup de leurs réactions et attitudes dans l'existence répondent à un ***souci du futur.*** (Parfois, tout à fait immédiat.)
D'une certaine manière, leur attitude première exprime : *« Est-ce que faire ainsi a du sens ? »*

Sous stress, André (Cinq) *se retire en lui-même.*
Quand une perspective l'effraye, Jean-Pierre (Six) *se rassure en se disant à lui-même : « Ce que j'ai fait est ce qu'il faut faire. »*
Devant une difficulté, Lucien (Sept) *réfléchit beaucoup.*

Le Centre Émotionnel

Il concerne les aspects affectifs et émotionnels de nos comportements.
Cela veut dire que les types 2, 3, 4 *fonctionnent* d'abord selon leur « cœur ».
Beaucoup de leurs réactions concernent ***un passé*** proche ou distant.
D'une certaine manière, leur attitude première exprime : *« Est-ce que vous m'aimez, oui ou non ? »*

Si quelqu'un parle durement à Jacqueline (deux), *elle pleure facilement.*
Si Robert (trois) *est contré par quelqu'un, il peut s'emporter.*
Sous stress, Aline (quatre) *peut devenir très angoissée.*

Chaque type possède un Centre préférentiel : celui auquel il est le plus habitué.
C'est-à-dire selon lequel il réagit le plus souvent aux autres, aux événements.
Chaque type a aussi un Centre qu'il réprime plus que les autres.

Enfin, chaque type a un Centre qu'il utilise moins que les autres.
Le 2e centre d'une personne est celui qui, dans la répartition graphique des Centres, est le voisin de son type. Ex. : le Quatre a comme 2e centre le centre mental.

Vers l'intérieur ou vers l'extérieur

Dans la théorie des 3 Centres, on constate que chaque être humain utilise l'énergie de ses Centres, soit tournée *vers lui-même,* soit tournée *vers l'extérieur* de sa personne : soit vers les autres ou vers l'événement.
Par *tourné vers l'intérieur,* il faut entendre que les pensées ou les actions sont orientées vers soi-même, ou au service de soi-même.

Les Centres des types 3, 6 et 9

Les types 3, 6 et 9 se caractérisent par une position différente des autres vis-à-vis de leurs Centres. D'une part, ils déploient aussi souvent leur énergie vers l'extérieur que vers l'intérieur, à partir de leur Centre préférentiel. D'autre part, le 2e centre des personnes de type 3, 6 et 9 n'est pas fixé, et est donc variable selon les individus.

Dans la quatrième partie de ce livre — qui décrit chaque type de personnalité —, l'ordre d'importance des Centres est rappelé sous la rubrique **Ordre des Centres.**

L'être humain vers l'intégration ou la régression ?

Vers l'Intégration

Nous pouvons facilement observer sur nous-mêmes et chez les autres qu'il est des moments heureux dans l'existence.
Quand nous arrivons à les faire perdurer, nous devenons alors sensibles aux *« mille saveurs de la vie »* comme dit Michel Galabru.
Ce sont des moments où nous communiquons mieux avec les autres, où nous sommes avides de découvertes, où nous prenons plus facilement des risques biens mesurés. Où nous ***évoluons.*** Où nous sommes en harmonie avec nous-mêmes et avec les autres. Selon la psychologie classique et l'Ennéagramme, lorsque nous sommes **« en intégration »** avec nous-mêmes et ce qui nous entoure.
Nous nous sentons alors *« au meilleur de nous-mêmes »*, en contact avec nos meilleures ressources, prêts à développer nos meilleurs talents, prêts à **« évoluer »**.
Dans son excellent *Plus loin sur le chemin le moins fréquenté,* Scott Peck[1] rappelle que « *intégration signifie rentrer dans un ensemble pour former un tout* ». C'est atteindre l'harmonie, l'***unité*** avec tous ces « petits moi »

1. Voir Bibliographie.

qui nous forment, avec ce qui nous entoure et — comme le définit la Psychologie Transpersonnelle — avec ce qui nous dépasse. C'est à bon escient que le même Scott Peck nous donne un excellent contre-exemple :

« Combien d'hommes qui vont à la messe le dimanche, y proclament l'amour en Dieu et sa création, mais qui, le lundi au travail, acceptent sans état d'âme de rejeter les produits toxiques de leur entreprise dans la rivière ? »

Vers la Régression

« Malheureusement, comme dit ma logeuse, *les moments où l'on se sent en possession de ses moyens sont bien plus rares que les autres… »*

Les autres, c'est quoi ? En un mot comme en cent : lorsque nous sommes « en mauvaise condition », en dysharmonie avec nous-mêmes et ce qui nous entoure.
Nous sommes alors en **« régression ».**
Certains auteurs disent : en désintégration.
Ceci se passe dès que l'on se trouve sous stress léger (quelque chose nous gêne quelque peu) ou sous stress lourd (nous sommes sur un lit d'hôpital, en conflit important avec une ou plusieurs personnes, dans une tranchée, sous les bombardements), avec, entre les deux, tous les degrés dus aux tourments, aux difficultés de santé, aux tensions des difficultés relationnelles, économiques, éducatives, etc.
Alors, nous régressons, nous perdons le « meilleur de nous-mêmes ».
Nous sommes alors sous l'emprise de pulsions dont nous disons volontiers qu'elles sont *« plus fortes que*

nous», et que nous ne pouvons *«pas faire autrement»* que de nous y soumettre. Dans ces moments-là, nous ne sommes généralement pas en harmonie avec nous-mêmes, et généralement pas avec les autres non plus.
Pour l'Ennéagramme, ce sont les moments où nous dépendons le plus de notre ***compulsion*** et de notre ***tendance principale*** (ou passion).
(Ce chapitre met en place des notions qui seront redéfinies plus loin.)

Et comment vit-on le plus souvent?

Dans laquelle de ces deux façons d'être (intégration ou régression) pensez-vous que Claude Toulmonde passe la plus grande partie de sa vie?
Monsieur Hans Selye — le grand «découvreur du stress» — a beau prétendre que nous avons besoin d'un minimum de stress pour survivre (sans quoi, notre moelle épinière, pas suffisamment stimulée, risque de flétrir[1]), nombreux sont ceux qui vivent souvent, sous stress moyen et sous stress élevé, de nombreux moments en intégration, et de nombreux moments en régression.

Pour Don Richard Riso[2], une figure de proue de l'Ennéagramme, nombreuses sont les personnes qui vivent dans ce registre **moyen.**
Assez nombreuses, celles qui vivent assez souvent en registre **malsain** de **régression.**

---

1. Voir *L'Analyse Transactionnelle.*
2. Voir Bibliographie.

Relativement nombreuses, celles qui vivent en registre élevé d'**intégration** (ou d'évolution).
Toujours trop nombreuses sont celles qui vivent en registre **très malsain** de **régression**. Seuls les secours de la psychothérapie peuvent alors les aider.
Très rares sont celles qui vivent en registre **très élevé** d'**intégration.**
On trouve donc les êtres humains répartis selon plusieurs niveaux :

(étages)		**occurrence**
7	**niveau très élevé d'intégration**	très rare
6	**niveau élevé d'intégration**	assez nombreux
2 à 5	**niveau moyen d'intégration**	très élevé
1	**niveau malsain de régression**	élevé
RdC	**niveau très malsain de régression** (niveau pathologique)	toujours trop élevé

En comparant les évolutions et les régressions que vivent nos contemporains occidentaux aux déplacements d'un ascenseur dans un bâtiment de sept étages (3 étages formant le niveau moyen), il est permis de dire que très peu de gens vivent au 7ᵉ étage. Peu (mais trop — et ce sera toujours trop) vivent au rez-de-chaussée.
Beaucoup évoluent entre le 2ᵉ et le 5ᵉ étage. Assez vivent au 1ᵉʳ étage, avec quelques montées aux 2ᵉ et 3ᵉ étages. Assez bien vivent au 6e, avec quelques descentes aux 4ᵉ et 3ᵉ étages.

Les Mécanismes de Défense (expliqués plus loin) sont tout aussi présents en phase d'intégration qu'en phase de régression.

L'être humain en Intégration

L'Ennéagramme appartient à ce qu'il est convenu d'appeler la *Psychologie Transpersonnelle* (voir p. 222).
Il s'inscrit également dans la continuation de ce qu'il est convenu d'appeler le *Mouvement du Potentiel humain* ou encore *Psychologie humaniste*, qui se caractérisent par leurs a priori, leurs présupposés*, ou encore leurs postulats positifs vis-à-vis des capacités et des potentialités humaines, qu'ils considèrent comme immenses.

Les praticiens de l'Ennéagramme confirment qu'il est réaliste de considérer l'être humain comme habité de potentialités régressives (compulsion et tendance principale) mais, tout autant, de potentialités positives, évolutives, comme les vertus et les talents.

Plus un être humain est libre — au sens complet du mot — plus il attribue sa qualité de vie à lui-même. Il agit en responsable de sa vie.
Plus un être humain est dépendant, plus il attribue ses difficultés de vie aux autres, au monde, à la vie.

---

* Un présupposé confirmé par l'expérience, même s'il ne peut strictement être prouvé.

EN RÉSUMÉ

Quand il est en harmonie avec lui-même et son entourage, on dit l'être humain en ***intégration*** *(évolution).* Il manifeste alors la **force principale** et la **vertu** de son type.

Quand il est en dysharmonie avec lui-même et son entourage, on le dit alors en ***régression*** ou *désintégration,* il agit alors sous l'emprise de sa **compulsion** et de la **tendance principale** de son type, souvent exprimés avec **fierté**, et même **orgueil.**

De nombreux moments de vie se vivent, pour beaucoup d'individus, à un **niveau moyen** entre ces deux tendances, où se manifestent les caractéristiques de ces deux tendances.

Les **Mécanismes de Défense** sont à l'œuvre tout autant en phase de régression qu'en phase d'intégration.

Les caractéristiques de l'être humain en régression sont développées plus loin.

L'être humain évolue entre des phases d'Intégration et des phases de Régression.

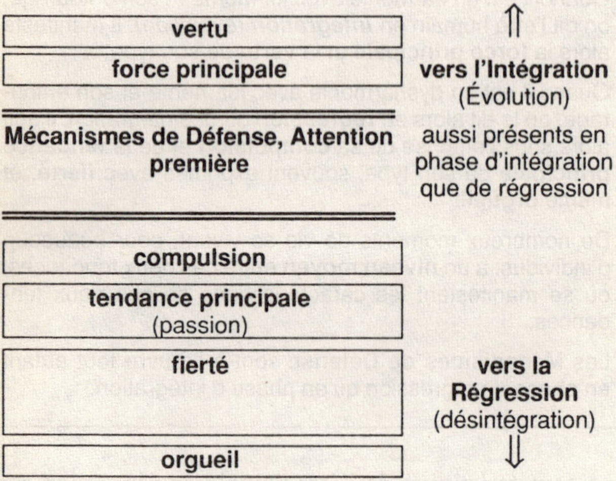

Tous les éléments décrits dans ce livre permettent, bien sûr, de déterminer le type d'une personne.
Voici cependant l'ordre préférentiel :

ORDRE PRÉFÉRENTIEL POUR DÉTERMINER UN TYPE

1. **Repérer le Centre préférentiel de la personne**
2. **Repérer sa compulsion et son attention première**
3. **Repérer sa tendance principale**

Tout en sachant que, chez les personnes de niveau élevé, ce peuvent être **vertu** et **force** qui sont les plus « visibles ».

Par facilité, la suite des explications relatives à ces caractéristiques et celles déjà évoquées sont données dans l'ordre suivant :

1. les 3 Centres (voir plus haut, p. 56);
2. l'Attention première;
3. les Mécanismes de Défense;
4. la Compulsion;
5. la Tendance principale;
6. la Fierté;
7. l'Orgueil;
8. les Flèches;
9. la Vertu;
10. la Force principale;
11. les Contre-flèches.

@ L'Attention première

Pour toutes sortes de raisons — des plus primaires aux plus nobles, et pour l'Ennéagramme, chaque type se montre **d'abord** attentif à certaines réalités plutôt qu'à d'autres. On parle des ***« filtres d'attention »***.
L'attention ordinaire se porte sur des « objets d'attention » qui peuvent être des sensations physiques, des émotions, des pensées, des souvenirs, des projets.
Il faut un certain temps pour prendre conscience de nos filtres d'attention.

Exemple : En entrant dans une salle de réunion Kevin (un « Un ») *regarde d'abord si les choses sont « à leur place », si les gens sont « correctement » habillés ou non.*
Gaëtane (une « Deux ») *observe vers qui elle va pouvoir se diriger pour l'aider.*
Alexandre (un « Cinq ») *observe la salle et choisit la place qui, selon lui, va lui permettre de rester d'abord distant des autres et de les observer, etc.*

ENNÉAGRAMME DES « ATTENTIONS PREMIÈRES »

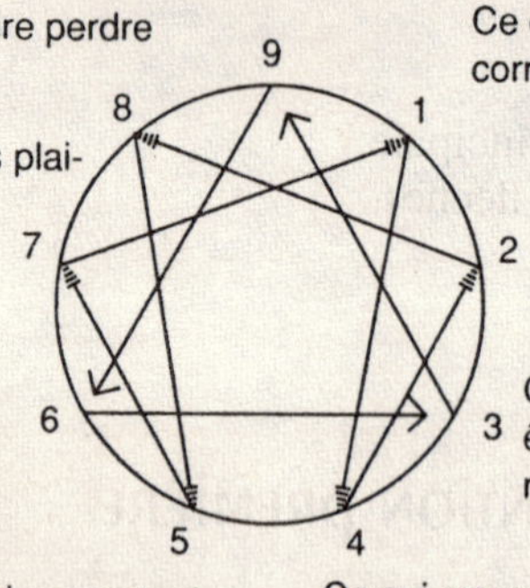

Les Mécanismes de Défense (MdD)
« Pour s'en sortir »

Ce sont les premiers mécanismes mis en place tôt dans l'enfance, ***« pour s'en sortir »*** face aux pressions et exigences des adultes.
Ces Mécanismes de Défense sont, avec leur emploi répété, devenus des mécanismes-réflexes qui accompagnent un individu tout au long de sa vie. Ils sont les premières réponses aux stress de la vie et sont donc présents tout autant en phase d'intégration (évolution) qu'en phase de régression. Ils sont presque toujours inconscients parce qu'ils ont été mis en place dès le plus jeune âge. Gurdjieff les appelait « tampons ».

Chaque Mécanisme de Défense sera expliqué en regard de chaque type.

ENNÉAGRAMME DES MÉCANISMES DE DÉFENSE

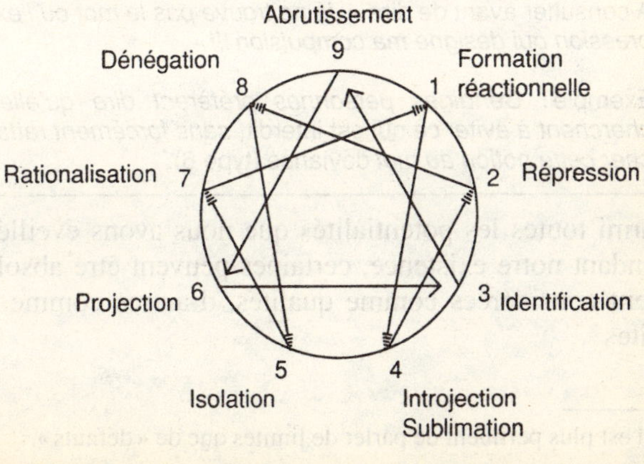

L'être humain en régression

AVIS TRÈS IMPORTANT

La lecture de ce livre concerne le plus profond de votre être.

On sait qu'une telle lecture peut être troublante.
Et quand on est troublé, le choix des mots est très important.

Comme les différents auteurs disponibles en Europe utilisent parfois des mots différents pour désigner des réalités semblables, il m'a paru opportun de proposer, en annexe de ce livre, **des listes de mots-types voisins ou en rapport avec ceux qui désignent les *compulsions* et les *tendances principales.***

A consulter avant de dire « *Je ne trouve pas le mot ou l'expression qui désigne ma compulsion !!!* »

Exemple : *Certaines personnes préfèrent dire qu'elles cherchent à éviter* ce qui est interdit, *sans forcément rattacher cette notion au mot* déviance (type 6).

Parmi toutes les potentialités que nous avons éveillées pendant notre existence, certaines peuvent être absolument considérées comme qualités, d'autres comme limites*.

---

* Il est plus pertinent de parler de limites que de « défauts ».

La Compulsion

Dès que l'on se trouve sous stress léger, nous agissons sous l'emprise de notre **compulsion.**

Connaître sa compulsion

Compulsion — dit le dictionnaire : *« Force intérieure par laquelle un sujet est amené irrésistiblement à accomplir certains actes et à laquelle il ne peut résister. »* Traduit dans le langage de M. ou Mme Toulmonde, c'est *ce qu'il ne peut s'empêcher de faire* ou, pour le citer, c'est ce qui *« est plus fort que moi, et je ne peux pas faire autrement. »*

L'Ennéagramme dresse la carte des types de compulsions des neuf types de personnalité.
Reconnaître sa compulsion n'est presque jamais évident pour personne, sauf pour les gens qui ont une conscience d'eux-mêmes très éveillée.
Parce qu'elle se forge dans le plus jeune âge de la vie, elle devient ce que l'on appelle une « seconde nature », mais il serait plus adéquat de parler d'un premier « conditionnement ».
Elle est à ce point fondamentale pour notre personnalité qu'elle est — pour beaucoup — assez difficile à identifier. Elle est tellement présente *« qu'on ne la voit plus ».*
C'est le moteur de notre Ego (attention, je ne dis pas égoïsme) — c'est-à-dire que c'est la réalité première de notre « personnalité », c'est elle qui **« mène notre vie »** — la plupart du temps (90 % de notre temps, selon certains auteurs). Et ce n'est bien souvent que lorsqu'on bé-

néficie de conditions particulièrement favorables — de détachement par rapport à ce qui nous fait courir, dans la vie de tous les jours — que la plupart d'entre nous sont en mesure de la reconnaître.

L'expression orale de ces compulsions est généralement assez ambiguë chez la plupart des gens.
Par exemple, telle personne de type Un dira qu'il veut *« éviter le risque de se mettre en colère »;* tel Trois, qu'il veut *« éviter le risque d'un échec »*; tel Cinq, *« le risque d'être envahi par la présence de quelqu'un »* (compulsion d'intrusion).

Une autre façon de décrire la compulsion, c'est de parler de ***système de fuite***.
La plupart du temps, la très grande majorité des gens cherchent, habituellement d'une façon inconsciente, à ***éviter*** certaines réalités.
L'Ennéagramme définit les neuf compulsions liées à chaque type de personnalité.

Même en vacances, Arthur devient un « chef de groupe » qui organise les loisirs des autres qui, souvent, apprécient cela.

Dans la vie, comme en vacances, il agit pour ne pas rencontrer ce type de comportement qu'est la faiblesse.
La compulsion du type Huit, c'est ***éviter la faiblesse.***

Même quand il doit faire face à l'opposition de ses trois collègues, alors que sa charge de travail personnelle est lourde, Quentin leur ménage un temps d'écoute, et propose une solution qui va les mettre tous les trois d'accord.

Sa compulsion, de type Neuf, ***c'est éviter les conflits.***

Bien qu'elle ait déjà précisé ce qu'elle attend de son mari en vacances, Elisabeth réfrène sa colère quand il lui propose pour la cinquième fois de visiter un musée.

Sa compulsion, de type Un, ***c'est éviter la colère.***

Isabelle ne peut s'empêcher d'aller au devant des besoins des autres. A l'atelier, c'est elle qui, à la pause, se précipite chez chacun pour lui demander ses désirs.
A la maison, elle cire encore les chaussures de ses 4 enfants, de plus de 20 ans.

Elle fait beaucoup pour éviter de reconnaître ses propres besoins. Pour l'Ennéagramme, Isabelle manifeste la compulsion du type Deux qui est d'***éviter de reconnaître ses propres besoins ainsi que le rejet.***

Antoine, au bureau, ne peut s'empêcher, par rapport à un projet, de « déformer la vérité », pour contourner un obstacle.

Il fait beaucoup pour éviter l'échec. Sa compulsion, de type Trois, ***c'est éviter l'échec.***

Marc consacre une partie importante de son budget pour s'habiller et décorer son intérieur.

Il fait beaucoup pour éviter la banalité. Sa compulsion, de type Quatre, c'est ***éviter la banalité.***

Laurent « s'arrange » pour avoir toujours un bouquin avec lui. Il est de ceux qui lisent sur la plage, à la terrasse d'un café, dans le métro.

Il fait beaucoup pour éviter le vide intérieur.
C'est la compulsion de type Cinq, ***éviter le vide intérieur et l'intrusion.***

Quentin se sent en sécurité quand il voit que ses collègues, tout comme lui, suivent scrupuleusement les consignes.

Il fait beaucoup pour éviter toute forme de déviance. Sa compulsion, de type Six, ***c'est éviter la déviance.***

Alexandre est un homme qui « s'occupe beaucoup », qui a multiplié ses activités professionnelles « de manière à s'occuper intensivement, à vivre des situations très stimulantes » comme il le dit souvent lui-même.

Il fait beaucoup pour éviter toute forme de déplaisir. Sa compulsion, de type Sept, ***c'est éviter la souffrance et l'enfermement.***

Il ne s'agit pas de juger ces compulsions, mais simplement de constater que chaque type humain a la sienne.

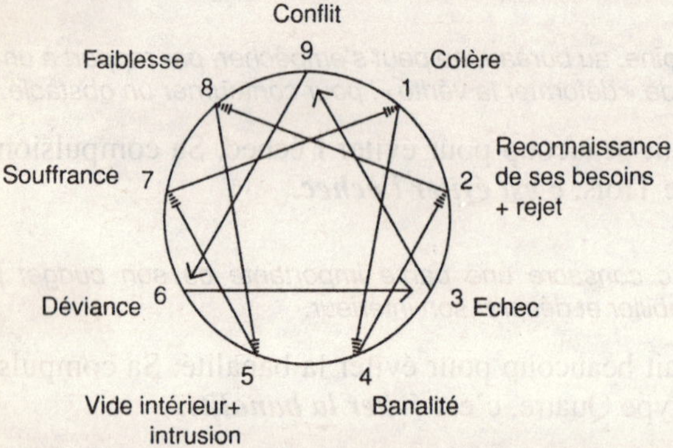

Les compulsions d'évitements, c'est-à-dire ce que chaque type de personnalité cherche à éviter.

Après la découverte des Centres et leur orientation vers l'intérieur/vers l'extérieur de la personne, reconnaître la compulsion d'une personne est la **deuxième caractéristique** qui permet de définir son type. Etre dans sa compulsion enferme dans l'Ego — dans le masque social —, c'est un mécanisme psychologique qui va à l'encontre de notre évolution vers l'intégration et la dimension transpersonnelle (voir pp. 62).

→ **RAPPEL : N'OUBLIEZ PAS DE CONSULTER LES ANNEXES DE MOTS-TYPES, EN FIN D'OUVRAGE.**

La Tendance principale

Définition

La « tendance principale » est un **« état »**, une **« émotion »** (une « façon d'agir », une « manière d'être ») qui nous tient sous son emprise — c'est pourquoi de nombreux auteurs ont préféré le terme « passion » à cette appellation, cependant choisie par Gurdjieff — et qui dépend directement de notre compulsion.
« Axe central autour duquel s'organisent les pensées, les sentiments et les modèles de comportement » comme le souligne H. Palmer[1], on peut encore la décrire comme cette **attitude psychologique** qui concourt à (est un moyen pour) renforcer la compulsion.
Quand ils emploient le mot « passion », les spécialistes de l'Ennéagramme la définissent alors comme *« émotion principalement vécue comme conséquence de la compulsion »*, et généralement *« peu consciente, du moins en ce qui concerne la fréquence avec laquelle nous la vivons »*[2].

1. Voir Bibliographie.
2. Voir F. & P. Chabreuil, dans Bibliographie.

Quoi ? Il y a des gens qui se passionnent pour la peur (tendance du Six) ou pour la tromperie (tendance du Trois) ? Tel est, à mon sens, l'exemple de méprise qu'engendre l'utilisation du mot « passion ».

Jacqueline fait de la **dénégation** *(nier la réalité)* (tendance de type Huit) *en agissant comme si les choses étaient encore sous son contrôle, même quand elles ne le sont plus. Sa compulsion est d'éviter la faiblesse.*

Quand la « pression » devient, à ses yeux, trop forte, Daniel « baisse les bras », essaie d'abandonner le travail dont il s'occupait et se laisse tomber dans un fauteuil, en s'étant servi un whisky (la **paresse** — tendance de type Neuf).

*Quand ses enfants mettent la sono « à fond », et que le chien aboie, Monique laisse éclater une colère qu'elle appelle « justifiée » (***colère** *— tendance de type Un).*

Parce que Claude tire de la fierté d'être indispensable aux autres (sa tendance est **l'orgueil**), *cela la maintient dans son comportement compulsif, à savoir s'occuper des autres au point d'éviter de reconnaître ses propres besoins (tendance de type Deux).*

Roger est très attentif à « vendre » sa personne. Il considère que pour réussir une affaire, « c'est la façon dont on emballe les arguments qui compte ».

Il n'appelle d'ailleurs pas ça « mentir » (la tendance du Trois est la ***tromperie****).*

Kevin est souvent persuadé que les autres vivent de meilleures vies que la sienne, et cela le rend jaloux des autres (la tendance du Quatre est ***l'envie***).

Maxime cherche à tout savoir et se montre plutôt **avare** *(*sa tendance de type Cinq) *de ses connaissances.*

Parce que Jeanne est vite effrayée face aux autres dans la vie (sa tendance de type Six est la **peur**), *cela la maintient dans sa compulsion.*

*C'est pour éviter de souffrir qu'Émilie est souvent gourmande jusqu'à l'**intempérance** (ou gourmandise) (sa tendance de type Sept).*

La tendance principale est particulièrement difficile à dépasser, tant elle est dominante en situation de stress. (Rappelons que le stress est beaucoup plus vite présent qu'il n'est admis dans le langage courant.)

ENNÉAGRAMME DES TENDANCES

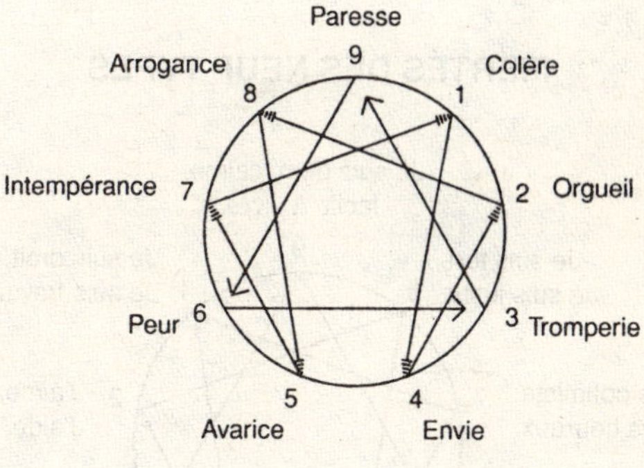

Remarque : certains auteurs définissent la tendance du Sept comme étant le laisser-faire (et notamment la gloutonnerie), la tendance du Huit comme étant l'excès (et notamment la luxure), et celle du Trois comme étant le mensonge.

→ **RAPPEL : N'OUBLIEZ PAS DE CONSULTER LES ANNEXES DE MOTS-TYPES, EN FIN D OUVRAGE.**

La fierté

Parce que nous nous sommes débrouillés, dans la vie — malgré notre compulsion et notre tendance principale—, nous en ressentons une fierté.
Repérer les caractéristiques de ce dont nous nous estimons, légitimement, fiers (quels sont les moments importants de notre vie ? quelles sont nos caractéristiques les plus positives ?), voilà de précieuses indications pour définir le type auquel une personne appartient.
Voici, forcément exprimées dans des formules « ramassées », les fiertés des neuf types :

FIERTÉS DES NEUF TYPES

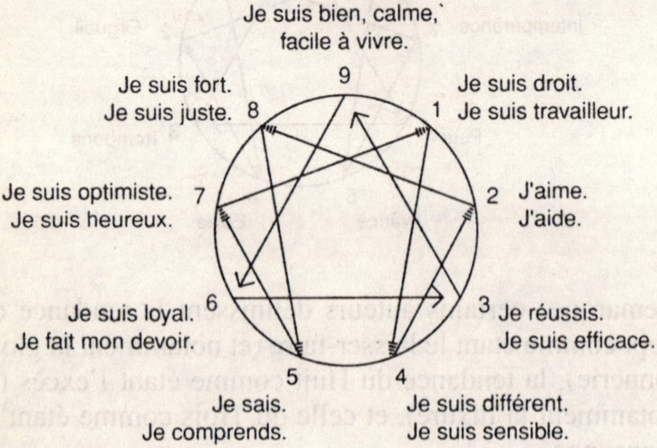

L'orgueil

L'orgueil est l'excès de fierté, l'illusion de perfection. En phase de régression, chaque type a sa façon d'exprimer de l'orgueil. En termes d'Ennéagramme, l'orgueil est ce qui freine considérablement notre développement spirituel.

ENNÉAGRAMME DE L'ORGUEIL

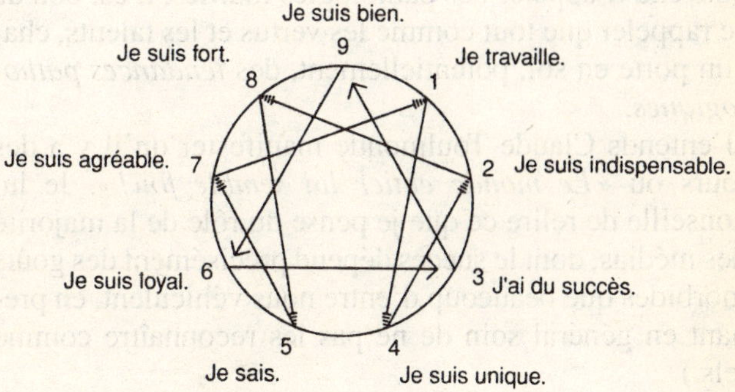

Vers la pathologie

> **« A la fin de sa vie, Jung disait que si on lui trouvait quelqu'un de normal, il le guérirait. »**
>
> Jacques Brosse

La psychologie classique est intransigeante à ce sujet : la condition humaine est telle que tous les êtres humains développent une tendance pathologique. Si la manière de réagir aux conditions de vie d'un nombre — heureusement — limité d'individus les entraîne vers ce qu'il est convenu d'appeler des pathologies lourdes, il est bon de se rappeler que tout comme les vertus et les talents, chacun porte en soi, potentiellement, des *tendances pathologiques*.

(J'entends Claude Toulmonde manifester qu'il y a des jours où *« Le monde entier lui semble fou ! »*. Je lui conseille de relire ce que je pense du rôle de la majorité des médias, dont le succès dépend précisément des goûts morbides que beaucoup d'entre nous véhiculent, en prenant en général soin de ne pas les reconnaître comme tels.)

C'est la grande différence entre l'Ennéagramme et la psychologie classique.

Le premier est une école de psychologie orientée vers le développement et l'épanouissement humain, tandis que la deuxième — typiquement occidentale — est davantage née d'un besoin de régulation sociale et s'est, de ce fait, plus intéressée à la connaissance des différents types de pathologie.

Cependant, certains spécialistes de l'Ennéagramme — et notamment Helen Palmer, l'un des chefs de file de cette école — ont jugé intéressant de confronter les deux approches. Cela nous vaut ce diagramme des pathologies, établi d'après la « célèbre et classique » classification américaine *Diagnostic and Statistical Manuel (Third Edition)*, sigle *DSM III*, typologie de références des professionnels de la santé, également utilisée par les compagnies d'assurances dans l'étude des assurances-vie.

ENNÉAGRAMME DES PATHOLOGIES

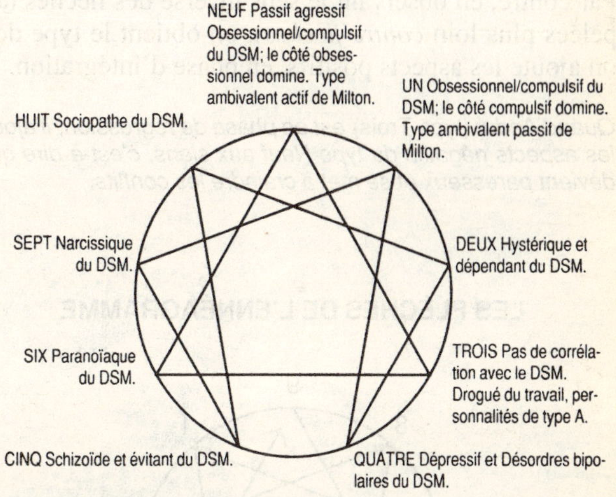

La toute dernière version du DSM baptisée DSM IV (1996), définit comme « mythomanie » la pathologie correspondant au Trois.

Le type de régression indiqué par la flèche

Ce qui force encore l'admiration devant la méthode, à la fois rigoureuse et dynamique, c'est le rôle — lié à leurs surprenants aspects mathématiques — des **flèches** de l'Ennéagramme.

On constate, en effet, qu'en phase de régression, si une personne d'un type se maintient dans sa tendance principale et sa compulsion, elle ajoute les aspects négatifs du type indiqué par la flèche.

Par contre, en observant le sens inverse des flèches (appelées plus loin *contre-flèches*), on obtient le type dont on ajoute les aspects positifs, en phase d'intégration.

Quand André (type Trois) *est en phase de régression, il ajoute les aspects négatifs du type Neuf aux siens, c'est-à-dire qu'il devient paresseux et se met à craindre les conflits.*

LES FLÈCHES DE L'ENNÉAGRAMME

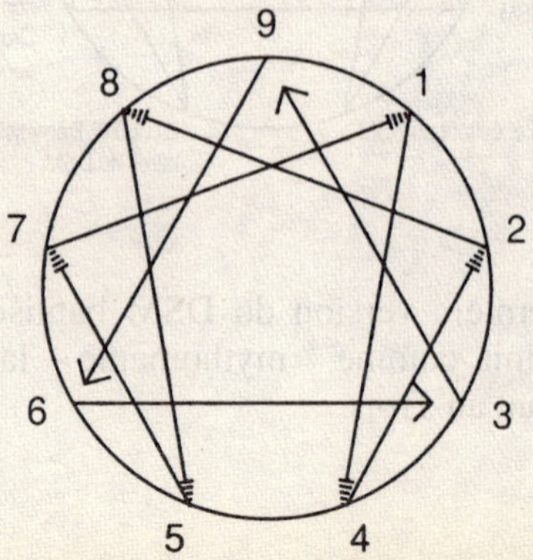

L'être humain en Intégration (ou Evolution)

Comme déjà dit plus haut, parmi toutes les potentialités que nous avons éveillées pendant notre existence, certaines peuvent être absolument considérées comme limites, d'autres comme qualités.
Chaucer déjà, dans ses *Contes de Canterbury* (v. 1340-1400), soutenait qu'il y a au moins une vertu particulière servant d'antidote à chacun des péchés capitaux.
« Au XIVe siècle, Dante développe l'idée que [l'antagonisme des passions et des vertus] *peut être utilisé comme agent de libération spirituelle »*[1].
Le vocabulaire de l'Ennéagramme parle de « vertus ».

✱ La Vertu

Quand l'être humain se trouve dans de « bonnes conditions » dans la vie professionnelle, familiale ou sociale, il se met à vivre avec ce que l'Ennéagramme appelle **vertu,** c'est-à-dire qu'il se met à déployer ses qualités émotionnelles positives, dans ce qu'il fait et dans la façon dont il vit ses relations avec ses semblables.
La vertu trouve sa source dans l'*essence* de chaque type.

1. Helen Palmer, voir Bibliographie.

La vertu peut *« être considérée comme la face noble de la tendance principale »*.

ENNÉAGRAMME DES VERTUS

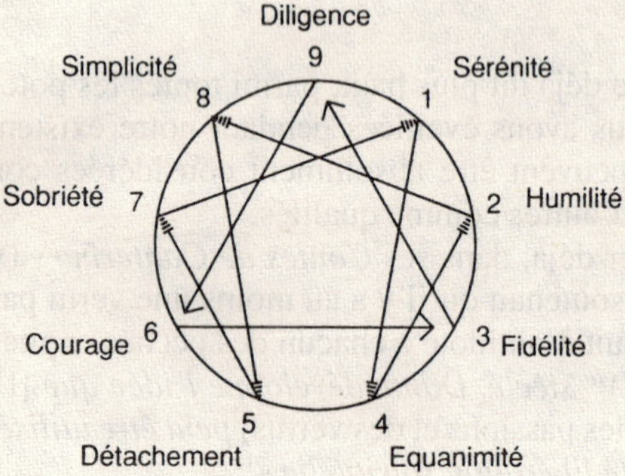

Une fois que l'individu commence à vivre davantage sa vertu, il lui arrive cependant encore de vivre des moments dans sa « tendance principale », mais il ne le fait plus d'office — et surtout, plus « à n'importe quel prix ».

René — un Trois — avait l'habitude de « présenter » la réalité d'une manière plus avantageuse — sa tendance : la tromperie *— quand il y avait un obstacle, par rapport aux objectifs qu'il s'était fixés.*
Sans s'encombrer de consacrer de l'énergie à observer les effets négatifs que cela pourrait occasionner sur certaines personnes.
Sa tendance principale fait déjà place à la vertu, quand il continue encore un peu à mentir, mais en devenant attentif aux effets de ses mensonges sur les autres.

La Force principale

On appelle **force principale** l'énergie positive (ou **talent**) la plus présente chez une personne donnée. On peut affirmer qu'il s'agit là de ce que cette personne apporte dans le monde. Voilà pourquoi certains auteurs parlent de l'**apport**[1].

> **La force de chacun se manifeste d'autant plus dans toute son amplitude qu'elle est au service des autres, du monde et de l'Essence de celui qui l'utilise.**

ENNÉAGRAMME DES FORCES PRINCIPALES

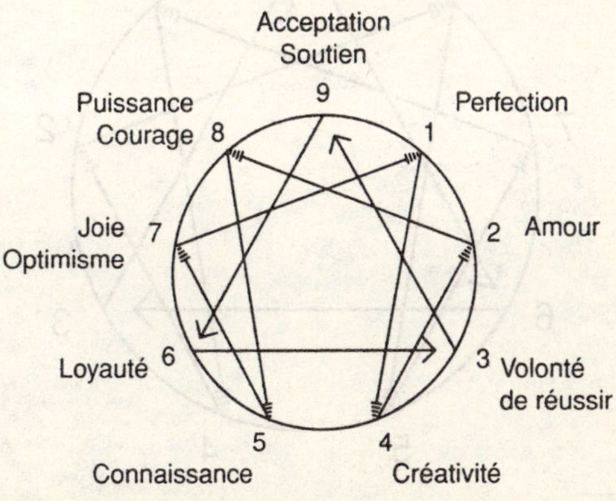

1. P. et F. Chabreuil, voir Bibliographie.

Le type d'intégration, indiqué par la contre-flèche

Je fais volontairement usage d'un barbarisme (au regard de la langue française) pour *ne pas oublier* que si les flèches de l'Ennéagramme représentent les caractéristiques négatives du type désigné (que l'on s'approprie alors) en phase de régression, elles représentent — **en sens inverse** (appelons-les *contre-flèches*)* — les caractéristiques positives du type désigné, qui s'ajoutent alors aux siennes.

Martine est une personne de type Huit qui vit beaucoup au niveau de l'intégration; à ses qualités de simplicité, de puissance et de courage (vertu et force du type Huit), elle ajoute alors celles du type de sa contre-flèche — le type Deux, c'est-à-dire l'humilité et l'amour.

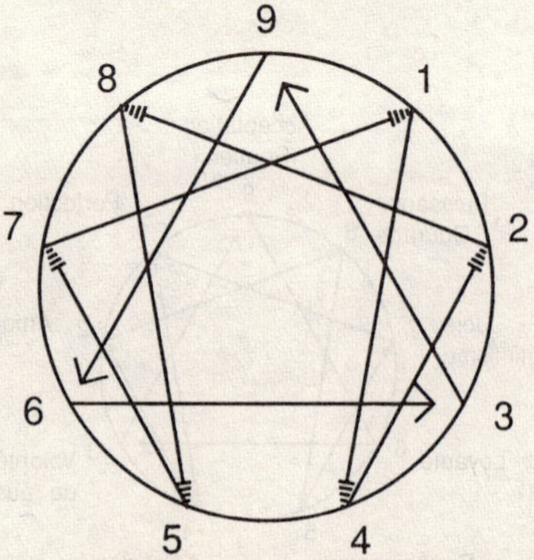

* Ce terme « contre-flèche » n'est habituellement pas utilisé par les praticiens de l'Ennéagramme.

Partie III

Généralités sur les types de personnalité

AVERTISSEMENT

L'être humain est une réalité complexe. Tous les systèmes qui cherchent à enfermer la personnalité dans des catégories sont réducteurs.

L'Ennéagramme pourrait se prêter à cette réduction. D'aucuns ne manquent d'ailleurs pas de l'utiliser ainsi, abusant de la crédulité de leurs lecteurs ou clients.

Mais l'Ennéagramme se prête davantage à une perspective plus large.

Il privilégie alors l'ouverture à la propre complexité de chacun, comme à celle des autres.

A la compréhension des deux.
A l'évolution personnelle et à l'amélioration des relations avec soi-même, comme avec autrui.

La fiabilité des tests sur l'Ennéagramme est encore très relative. C'est pourquoi, malgré le goût prononcé de beaucoup pour ce type d'exercice, je préfère m'en abstenir.

Les ailes

Dans la très grande majorité des cas, les individus développent à partir de la fin de l'adolescence (vers 18/20 ans, s'accordent les spécialistes) ce qui s'appelle, en jargon de l'Ennéagramme, une **aile,** c'est-à-dire une deuxième base, voisine de la première.

Certaines personnes développent une deuxième aile au-delà de 40 ans.

Lorsque cela arrive — parce que ce n'est pas évident — c'est la deuxième aile voisine, de l'autre côté de son type principal, qui se développe.

Il s'agit là d'une influence plus importante que celle des *rôles* (expliqués page suivante).

L'influence de l'aile peut varier de 1 % à 49 % et être *très forte, forte, moyenne, faible ou très faible*.

Un type Un peut donc avoir une aile	9 ou 2
Un type Deux	1 ou 3
Un type Trois	2 ou 4

Et ainsi de suite…

En utilisant l'Ennéagramme pour mieux se connaître, il est recommandé de :

- ► chercher tout d'abord son type de base, et seulement, ensuite,
- ► lire la description des deux bases voisines pour déterminer laquelle est son aile principale et apprécier si l'on a développé une deuxième aile.

Les rôles ou emprunts

Je suis porté à croire que chaque être humain a, pour le moins, une pré-conscience de son caractère unique. Pour de bonnes raisons — mais souvent pour de mauvaises —, les sociétés humaines s'empressent d'agir sur la formation des petits d'hommes, afin de les conformer à leurs exigences. J'ai déjà expliqué, plus haut, comment le rôle joué par cette socialisation contraignante — qu'on aime appeler « éducation » — participait à l'édification de notre type.
Les personnes qui découvrent les types de l'Ennéagramme éprouvent assez souvent l'impression d'appartenir à deux ou trois types. Il est important de préciser que nous avons chacun ***notre type*** et ***un seul.*** Et, au risque de me répéter, c'est bien là l'intérêt premier de cette méthode : **découvrir son type,** pour tenter de dépasser sa tendance principale et sa compulsion, afin de vivre davantage dans la sérénité que procure l'harmonie de soi-même avec les autres et la vie — appelée *intégration* —, ce qui permet alors la participation utile et efficace au développement de ce monde.

L'impression de « posséder » une ou quelques caractéristiques d'un autre type, provient :

— d'une part de ce que nous possédons en potentialité l'ensemble des forces principales présentes chez tous les êtres humains, bien qu'ayant un ***type de base*** et un ***seul.*** C'est celui qui guide notre vie;

— d'autre part, du fait que nous grandissons et évoluons en compagnie des huit autres types, auxquels nous *empruntons* des qualités, des caractéristiques, des compétences, des manières d'être. Nous « jouons », à ce moment-là, des ***rôles*** dont les caractéristiques ne sont pas celles de notre type de base.

Certains font d'ailleurs beaucoup d'efforts pour s'identifier à des rôles, se « coupant » ainsi inconsciemment de leur véritable personnalité, de leur véritable type de base.

Cette pratique, qui existe de tout temps, semble cependant très renforcée en cette seconde partie du XXe siècle, où les types Trois et Huit sont très valorisés, comme le type Quatre l'était au XIXe siècle !

Or, l'***essentiel,*** c'est de bien connaître le type de base auquel nous appartenons.

Et ça, nous n'en avons qu'un !

« Heureusement, murmure Claude Toulmonde, *c'est déjà suffisamment difficile comme ça ! »*

Il est d'ailleurs des circonstances assez nombreuses dans l'existence où nous avons conscience (ne fût-ce que superficiellement) de l'attente des autres à nous voir nous conformer à certains rôles.

En ces moments-là, nous ressentons combien ces rôles sont faits de comportements « empruntés », combien nous savons ne pas agir à partir de notre vraie personnalité.

Quelques remarques concernant la description des neuf types

Bien que pour reconnaître un type, il faille passer par la description de ses comportements, il importe de ne pas perdre de vue qu'avant tout :

1 L'Ennéagramme est un modèle des motivations, et non des comportements.

Ceci veut — très précisément — dire que l'Ennéagramme est une méthode expliquant **«ce qui pousse»** *(motivations)* les individus à faire ce qu'ils font et non expliquant «ce qu'ils font» *(comportements)*.
Il répond avant tout à la question :
Pourquoi les humains agissent-ils comme ils le font ?
Plutôt que : ***Qu'est-ce qu'ils font ?***
Ainsi que nous le rappelle le Code d'Ethique de l'IEA (voir Annexe 4, p. 259) : *« un type ne décrit pas entièrement un individu. L'Ennéagramme ne nous dit rien sur l'histoire d'un individu et un type ne nous donne pas d'informations significatives sur la qualité de son caractère, de son intelligence ou de ses talents.* ***Une personne est plus que son type. »***

Certaines personnes passent une tellement grande partie de leur vie dans leur compulsion — ou dans la vertu et le talent — qu'elles ne se reconnaissent pas facilement dans la description de leur type, puisque celle-ci concer-

ne l'éventail complet des comportements du type (et s'étale donc du niveau d'évolution le plus élevé au niveau de régression le plus bas).
Par exemple, la star Madonna se trouve être du même type que Mère Theresa ! Ces deux personnes ont en commun leur compulsion, mais il est évident que la première semble passer sa vie au niveau de ses compulsion et tendance principale, tandis que la seconde a probablement vécu la sienne presque entièrement au niveau de sa vertu et de sa force principale.

Une question fréquente

Le type d'un individu est-il inné ou acquis ? La réponse des milieux qui proposent l'Ennéagramme est : **inné,** mais :

> **2 Ce qui compte, c'est ce qu'on fait avec son type — vit-on sa vie orienté vers l'intégration ou la régression ?**

Fabien Chabreuil donne en exemple quelqu'un attiré par le feu *(motivation)*. A partir de ce type de motivation, il peut devenir *(comportements)* pompier *(vers l'intégration)* ou pyromane *(vers la régression)*.
Connaître le type auquel une personne appartient ne permet donc pas de présumer de son niveau de développement.
Avant de lire la description des neuf types, il importe encore de ne pas perdre de vue que :

> **3 Tout le monde a toutes les caractéristiques, mais ce qui détermine un type, c'est la prédominance de certaines caractéristiques par rapport aux autres.**

Tout le monde a peur, tout le monde manifeste des idéaux, mais, chez le type Six, la peur est « ce qui se passe » comme réponse dominante à la majorité des situations stressantes et, chez le type Un, la place qu'il accorde à ses idéaux est plus dominante que chez les autres types.

Un formateur à l'Ennéagramme nous prévient encore :
« *Tout le monde trouve son type mal desservi.* »
J'ajoute :
« *Chacun trouve que son type aurait dû être décrit par un auteur de son type.* »
C'est souvent, au moment où on lit les noms des personnalités célèbres de chaque type, qu'il importe de se rappeler cette caractéristique mentionnée ci-dessus, à savoir : « *L'Ennéagramme est une typologie des motivations, pas des comportements.* » Vous n'êtes donc pas « semblable » à Charles de Gaulle ou à une vedette du cinéma, si ceux-ci appartiennent au même type que le vôtre. Mais vous êtes poussés — dans l'existence — par des motivations de mêmes types qu'eux.

En fait,
Il faudrait UN LIVRE pour chaque type.
Voilà qui est peu compatible avec les impératifs économiques des principales maisons d'édition, en cette fin de XXe siècle.
C'est dire qu'il a fallu dans les pages qui suivent — par équité envers les neuf types — ne décrire que les traits dominants de chaque type, sans pouvoir entrer dans les nuances.

Enfin, il y a beaucoup de chances qu'en commençant à reconnaître les composantes **principales** de votre type, vous soyez déçu(e) par certains caractères secondaires décrits, qui ne vous ressemblent pas.

En lisant ces descriptions, rappelez-vous que la description de votre type concerne **toutes les personnes de ce type,** et qu'il en est — forcément parmi elles — qui vivent et se comportent de manière très différente de la vôtre.

Si l'on comparait la typologie humaine au spectre des couleurs, on pourrait dire que chaque type a une *couleur particulière;* et de même qu'il serait absurde de déclarer une couleur ***mieux*** ou ***moins bien*** qu'une autre, ***il n'est aucun type meilleur ou plus mauvais qu'un autre.*** Quand bien même chacun peut avoir, dans ce domaine, des préférences.

Chaque type est important et irremplaçable.

Ceci laisse à chacun — comme en matière de couleurs — la liberté de préférer la fréquentation d'un type ou d'un autre.

Aucun caractère n'est absolu, ni exclusif

Cela signifie qu'aucune description ne décrit la « totalité » de chaque type. Mais aussi qu'il est permis à chaque type de ne pas — absolument — se reconnaître dans les descriptions faites.

Je vous invite encore à pratiquer la lecture complète de chaque type.
Même la lecture de la tendance pathologique de chaque type est une information à ne pas négliger.

La variété humaine tient d'une part à l'existence des *neuf types*, mais **surtout** au degré d'évolution qui caractérise une personne à l'**intérieur** de son *type*.
Celui-ci peut, en effet, aller :

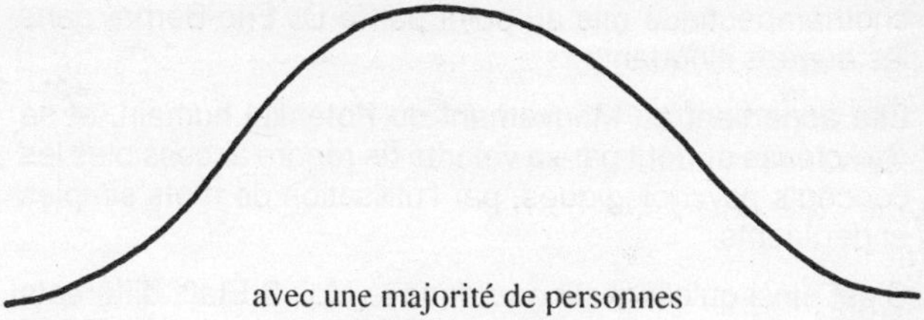

avec une majorité de personnes
situées au centre

d'un plan très régressif chez le *type* considéré ***(régression)***	aux vertus les plus élevées du *type* considéré ***(intégration)***

Ne perdons donc jamais de vue que :

Il n'y a pas de bon, ni de mauvais type.
Chaque type magnifie une qualité indispensable.

Afin de tirer le meilleur profit de cet ouvrage et d'en faire — ce que je souhaite de tout cœur — un outil pour votre évolution personnelle, je vous engage à lire les descriptions qui suivent avec un détachement de bon aloi.
Lu en dehors de cette perspective positive, le danger existe de considérer « qu'on a » tous les aspects négatifs de tous les types.
Ce qui serait une absence de discernement regrettable.

L'ANALYSE TRANSACTIONNELLE EN DEUX PAGES

L'Analyse Transactionnelle (AT) est une méthode de développement personnel, de communication et un outil psychothérapeutique mis au point par le Dr Éric Berne, dans les années cinquante.

Elle appartient au Mouvement du Potentiel humain, et se caractérise surtout par sa volonté de rendre accessibles les concepts psychologiques, par l'utilisation de mots simples et pertinents.

C'est ainsi qu'elle distingue dans le Moi, 3 États différents (3 parties différentes de notre Moi), qu'elle nomme : l'État du Moi *Parent,* dans lequel se trouve les enregistrements des comportements, des messages observés et reproduits lorsqu'on a ou qu'on désire avoir de l'ascendant sur l'autre. Il est subdivisé en deux formes : *le Parent Dominateur* ou Critique qui contient les enregistrements concernant les « normes », les jugements, les critiques que nous avons sur ce qui nous entoure (poussé, il devient dévalorisateur, agressif, **P**ersécuteur), et le *Parent Protecteur* ou Nourricier qui contient les enregistrements d'aide, de protection, de soutien, d'encouragement des autres (poussé, il devient **S**auveteur, c'est-à-dire qu'il prend les autres trop en charge).

L'État du Moi *Adulte* est la partie du Moi capable d'analyse, de réflexion, de traitement des informations.

L'État du Moi *Enfant* est la partie du Moi concernant la vie émotionnelle, affective, les besoins et les pulsions. Il est subdivisé en *Enfant Libre* ou Spontané, qui exprime spontanément les désirs, les besoins, les émotions, la pulsion créatrice; et en *Enfant Adapté,* qui s'adapte — se soumet ou se révolte — aux besoins des autres. (Poussé, ce dernier adopte des comportements de **V**ictime.)

On appelle *transactions* les échanges qui se produisent entre les 3 États du Moi d'une personne et les autres.

Berne a observé que quand les humains entraient dans les trois rôles P, S et V, ils le faisaient selon des règles implicites, qui transforment les transactions en ce qu'il nomme des *« jeux négatifs »*. Ces jeux négatifs se terminent toujours par un sentiment de dévalorisation de soi-même, de l'autre ou de toutes les personnes impliquées. Pourquoi les humains qui pourraient vivre des transactions de plaisir et d'activité, vivent-ils souvent dans ces « jeux négatifs » ? 75 % de leur temps, semble-t-il ! Parce que ceux-ci sont « excitants », sont grands pourvoyeurs de *« strokes »* — sorte de « calories psychologiques » dont tout le monde a besoin, et qu'ils ne résolvent rien — ce qui permet de les recommencer sans fin.

Enfin, l'AT propose un outil de premier intérêt : le *« scénario de vie »* qui explique « comment on est devenu la personne qu'on est », en soulignant particulièrement l'importance de deux types de messages parentaux : les *« injonctions »* — messages contraignant le petit, puis l'adulte à s'y soumettre — et les *« mots d'ordres » (drivers)*, messages ambivalents, parce qu'à la fois utiles et contraignants.

Dans le cadre de cet ouvrage, seuls seront mentionnés, pour chaque type :

AT ***Les Etats du Moi de l'AT (Analyse Transactionnelle)***
⁝EdM *Etats du Moi les plus actifs*
>Mo *Mots d'ordre (Drivers)*

Vous avez dit « facile »... ?

L'Ennéagramme est parfois présenté comme un modèle facile à utiliser. C'est vrai si on envisage son utilisation la plus stérile, c'est-à-dire comme une méthode de plus visant à *« classer les gens dans des cases »*, ou si encore des formateurs peu scrupuleux vous la *« vendent »* comme une méthode *« vous permettant de mieux vous connaître — vous et vos proches — en quelques heures **seulement** »*. Je me permets de vous encourager à la vigilance vis-à-vis de ce type de détournement. L'Ennéagramme est, *avant tout*, une méthode de découverte et d'évolution personnelle.

Une méthode qui demande de la patience et du temps, pour arriver à être « sûr » d'avoir bien repéré son type de base. *Type de base*, parce qu'il n'est pas toujours évident pour tout le monde de « reconnaître » sa compulsion, ni la « tendance principale » qui mène notre vie.

Parce que nous avons au moins une aile, et que la plupart d'entre nous ont appris des « rôles » pour faire face à l'existence et aux autres.

Parce que les types 3, 6 et 9 sont ceux qui éprouvent le plus de difficultés à se reconnaître.

Parce qu'il existe des risques de généralisations (exemple : la colère est importante chez un Un, alors Virginie qui se met en colère est un Un…).

Parce qu'il y a des ressemblances entre les types (Oui, forcément, bien sûr, sinon on se trouve dans un système de portraits caricaturés).

Un peu plus de patience, M. Toulmonde !

Partie IV

Les neuf types de personnalité

Dans cette partie, j'ai choisi de proposer des textes succincts sur les 9 types, présentés dans l'ordre des 3 Centres.

Ce que comprend chaque description

& *La Force principale* de chaque type, son talent, son apport.

ξ ***Enfance et mécanisme de Défense (MdD)***

Expériences de l'enfance qui ont été les plus déterminantes, origines de la compulsion et du mécanisme de défense, avec *exemple*. Il s'agit des premiers moyens trouvés par le petit d'homme ***«Pour s'en sortir»***.. Ces événements «traumatiques» – comme les nomme la psychologie – sont souvent considérés comme insignifiants par les personnes adultes, comme par exemple le sentiment d'abandon du Quatre, qui peut survenir à la suite d'un déménagement, ou la sensation de trahison du Six, qui peut être dû à l'impression d'absence de ses parents, chez un enfant qui se lève la nuit et ne les trouve pas (cette nuit-là).

@ L'Attention première

Ce sur quoi se porte d'abord l'attention de la personne : pensées, objets, personnes et autre éléments de la réalité extérieure. avec exemple

---

Compulsion : ou évitement majeur.

Ordre des Centres : 1. Le plus fréquent
2. Deuxième Centre
3. Centre réprimé,

Tendance principale : et avec exemple.

Motivations principales : ETRE RECONNU pour...

Vie Relationnelle

Cette rubrique présente une synthèse des aspects importants de la vie relationnelle du type, sans distinction du caractère privé ou professionnel. Les partenaires évoqués peuvent donc être femme, mari, enfants, collègues, amis ou voisins. Elle comprend :

messages appréciés : Façons dont le type aime être traité

messages dépréciés : ce que le type n'apprécie pas.

Entente avec les autres types : Entente avec les autres types : présentation synthétique dans la perspective des différentes formes de partenariats : vie en couple ou vie professionnelle

---

Prise de décision

Caractéristiques de l'importance et la manière de considérer la prise de décision de chaque type.

Vertu, avec exemple.

---

rapport avec le temps.

---

animal symbolique de la personne en phase régressive et en phase évolutive, selon M. Beesing, R. Nogosek, P. O'Beary1

Description succincte du type à plusieurs niveaux (*)

niveau élevé d'intégration

niveau moyen

niveau malsain de régression

vers la pathologie

(*) aux descriptions exhaustives et littéraires, j'ai privilégié la description succincte à plusieurs niveaux, selon les travaux de Don Richard Riso.

Caractéristique(s) particulière(s) du type
Mention figurant uniquement selon les besoins

Difficultés majeures :
Ce qui est vécu comme difficile par chaque type

Pensées fréquentes et paroles de chaque type : les mots souvent pensés ou prononcés par chaque type.

Ce qu'on dit d'eux :

Quelques exemples des commentaires assez souvent suscités par chaque type *

AT ***Les États du moi de l'AT***(Analyse Transactionnelle) (voir p. 100)

EdM :États du Moi les plus actifs
>Mo* : Mots d'ordre (Drivers)

Célébrités du type:

Célébrités du type, le nombre peu élevé d'études françaises m'oblige à faire état de nombreuses personnalités citées dans la littérature américaine. Les listes sont établies à partir d'interviews, moyen beaucoup plus fiable que les informations données par d'autres personnes que l' intéressé.
Personnages: il s'agit de personnages interprétés par des acteurs souvent spécialisés dans la représentation d'un type.

Ce qui manquerait au monde sans les (chaque type)

➠ Les Annexes de Mots types, proches des dénominations de Compulsion, de Tendances principales et de Mécanismes de défense – en fin de volume – peuvent être clarifiantes, en cas de doute.

Les trois types du Centre Instinctif

Le type HUIT

La Force principale du Huit est la capacité
de Courage

« Le secret du succès, c'est de vouloir gagner, et de savoir perdre. »
Machiavel

« Il se doit de dominer en tout, ignorer le manque de sincérité, la colère, la crainte. »
Mohandas K. Gandhi

« Ni Dieu, ni maître. »

ξ *Enfance et Mécanisme de Défense*

Dans son enfance, la personne de type Huit a commencé à ressentir les autres comme fort menaçants pour elle. Face à cela, elle a développé un comportement d'*affrontement* envers les autres. Ce qui, très vite, est devenu primordial, c'est d'*être fort(e).* Au point d'en être arrivé à « détester » et fuir la faiblesse (d'où sa compulsion : *éviter la faiblesse*). Elle était généralement indépendante, et s'activait, très jeune, dans des jeux où elle était souvent le « chef ».

Pour s'en sortir, le Huit a appris à développer un Mécanisme de Défense : le **déni** (ne pas tenir compte de la réalité). Même si quelque chose est dangereux, il l'affronte d'abord et, éventuellement, réfléchit ensuite (voir Annexe III).

Bien que menacée d'être éconduite si elle se fâchait pour le retard de Jean-Claude, Odile se met à le traiter de tous les noms. Elle « dénie » la réalité en ne tenant pas compte des avertissements qu'elle a reçus.

@ L'Attention première

L'Attention première du Huit porte sur ce qui menace sa capacité de contrôle et sur ce qu'il peut faire pour obtenir le contrôle.

Quand il arrive à la réunion, Gilles essaie de repérer si les gens présents sont susceptibles de porter atteinte à son besoin de contrôle.

Compulsion : éviter la faiblesse.

Cela veut dire que le Huit cherche à éviter de se sentir, de paraître faible, de même qu'il cherche à éviter les gens qui lui paraissent faibles.

Ordre des Centres

1. Centre Instinctif
2. Centre Mental
3. Centre Emotionnel.

Tendance principale : excès

Le Huit est souvent dans l'excès.

Parce qu'il cherche à éviter la faiblesse, le Huit déborde souvent d'impulsivité et d'énergie. Ce qui l'entraîne à en faire trop.
Et ce aussi bien dans la façon de vouloir régler un problème, d'avoir des relations sexuelles, ou de se nourrir. Il est loin d'être diplomate et, là aussi, se caractérise par l'excès.

Olga doit régler un problème avec ses vendeurs. Pour cela, elle les emmène dans un très bon restaurant.
Après un repas très arrosé, elle « engueule » Pierre et Jacques pendant de longues minutes, comme s'ils étaient responsables de tous les maux de la terre.

M Motivations principales : ETRE RECONNU pour sa force.

Le Huit ne compte que sur lui, il veut se sentir fort et agir par lui-même de manière à contrôler et son environnement, et son entourage.

♥ Vie Relationnelle

Pour les siens, le Huit sera souvent impressionnant par son courage et l'ardeur dont il fera preuve en cas de difficultés.
Il lui est plus facile de s'entendre avec des partenaires forts et indépendants.
D'une manière générale, il lui est assez difficile d'admettre le point de vue des autres. Comme le Huit ressent la vie comme une lutte permanente, il est porté à vivre ses relations comme autant d'autres combats.
En particulier, le Huit aime une vie sexuelle ardente.
Il est souvent possessif, mais parfois aussi renonçant, dans la vie intime. Cela a, notamment, pour effet de rendre l'engagement assez difficile.

Beaucoup de Huit sont parmi ces vedettes qui défraient la chronique par leurs unions multiples et tumultueuses. Comme l'excès est leur tendance principale, ils n'ont jamais assez de rien. Sorties, divertissements, heures tardives les caractérisent.

L'excès, c'est aussi « tout ou rien » !

Helen Palmer donne l'exemple d'un homme pour qui *« ce qui importe »*, c'est *« seulement du travail et pas de loisirs ou l'inverse »*.

Comme le Huit a peur de ne pas contrôler ce qui se passe, il cherche à prendre l'autorité. Et s'il est en situation d'infériorité hiérarchique, il fera dans l'insoumission.

Le Huit peut arriver à imposer ses règles, et ensuite les enfreindre parce que cela l'ennuie alors.

Ce besoin de contrôle l'entraîne aussi à vouloir prévoir les intentions des autres, ce qui l'amène souvent à être inquisiteur.

Il se froisse rapidement si un proche ne l'a pas tenu au courant de ses décisions.

Il apprécie avoir des interlocuteurs qui s'affrontent ouvertement à lui, plutôt que de ne pas connaître leurs intentions.

Dès le moindre oubli, le Huit éprouve la sensation d'avoir été trahi.

Enfin, il ne supporte pas d'être blessé par autrui. Dès qu'il se sent atteint, il fourbit ses armes et contre-attaque.

Très souvent, il se place en défenseur, si l'on attaque ses proches, ses amis, ses pairs (surtout lorsque ces attaques lui paraissent injustifiées).

Affectivement, le Huit éprouve facilement le sentiment de vengeance.

Dans des situations courantes (de moindre gravité), il lui arrive fréquemment de réagir aux frustrations en se repliant sur lui-même, et se fera des reproches à lui-même.

Messages appréciés

Ce qu'aime le Huit : Qu'on…
— joue cartes sur table et qu'on tienne ses engagements;
— respecte son espace vital;
— s'oppose à lui franchement.

Messages dépréciés

Exemples de ce que le Huit n'apprécie pas : Qu'on…
— soit timoré devant lui;
— le flatte;
— lui mente;
— essaie de le manipuler.

Entente avec les autres types

Voir, dans la même rubrique, les pages consacrées plus loin aux autres types, sauf :

• **Avec un autre Huit :** partenariat très confrontatif. Les autres risquent d'être affectés par ce « combat des chefs », eux non ! Eux qui aiment être confrontés sont servis !

• **Avec un Neuf :** partenariat très complémentaire. Le Neuf apprécie que quelqu'un prenne les décisions à sa place. Le Neuf supportera difficilement la tendance du Huit à tester la relation.

Prise de décision

La prise de décision ne lui pose pas de problème, on peut même dire qu'« il aime ça ».

Vertu : **la simplicité**

Quand il évolue, le Huit triomphe de son orgueil et devient capable de simplicité.

Quelques années plus tard, Olga invite ses collaborateurs au restaurant, et leur dit, posément — et sans en rajouter — combien elle a apprécié leur travail.

Mot clé : **le contrôle du temps**

Le Huit considère que c'est aux autres de s'aligner sur sa conception du temps.

Régressif : le rhinocéros; évolutif : le tigre.

Description succincte du Huit

Le Huit évolué

Le Huit qui se maintient en phase d'intégration fait preuve de courage, un courage qu'il peut même manifester jusqu'à une forme d'héroïsme. Le Huit évolué est magnanime, et arrive à bien maîtriser sa personne. Il est assertif[1], confiant en lui-même et fort. Il correspond à ce que beaucoup appellent un « chef naturel ». Il entraîne les autres à le suivre. Décidé, il fait preuve d'une autorité sûre et respectueuse. Son comportement de « chef » — tout à fait honorable — se caractérise encore par son aspect protecteur. Il assimile les qualités du Deux.

Le Huit moyen

Fonceur, le huit moyen est entreprenant dans la vie familiale, professionnelle et sociale. Affairiste, il cherche souvent à agir comme son propre maître. Il a du mal à accepter des points de vue différents du sien. Il est souvent fort et agressif. Dans ses rapports avec les autres, il

---

1. Voir *Oser être soi-même*, Bibliographie de l'auteur.

est habituellement expansif, combatif, volontaire, créant des relations basées sur l'affrontement (confrontatif). Souvent énergique, sûr de lui, protecteur et autoritaire.

Le Huit, vers la régression

Souvent impitoyable et agressif, le Huit régressif devient tyrannique et dictatorial. Il devient excessif en tout. Querelleur, il se montre prompt à trouver les erreurs des autres. Il évolue avec une haute opinion de lui-même, au point de ne plus entendre l'opposition que les autres manifestent et cherche à contrer ce qui s'oppose à lui. Il assimile les aspects négatifs du Cinq.

Le Huit, vers la pathologie

Devient mégalomane, violent. Peut détruire ce qui s'oppose à lui. Vengeur, meurtrier. DSM III*: sociopathe (incapacité à participer à une vie sociale).

Caractéristique(s) particulière(s) du type

Type de personnalité très apprécié en temps de conflit ou de crise, périodes où se crée un consensus à leur attribuer beaucoup de pouvoirs, sans se soucier s'ils disposent d'autres qualités que celles d'apprécier le pouvoir.

Difficultés majeures

Il existe une difficulté majeure importante pour la femme Huit : son audace et son goût d'entreprendre sont considérés comme traits « masculins ».

Le Huit a souvent l'impression de bousculer les gens, de leur faire peur, sans le vouloir. De prendre des risques pour les autres, sans forcément en être remercié.

Il s'impose trop d'exigences.

---

* Voir page 82.

Il croit que les autres le croient invulnérable, alors qu'il n'oublie pas les coups et les blessures reçus.
Il éprouverait de sérieuses difficultés s'il ne pouvait s'exprimer comme il le pense.
Il lui est particulièrement difficile de dire : *« Faites comme vous voulez, comme vous l'entendez ! »*

Pensées fréquentes et paroles

« C'est moi qui choisis ce que je fais de ma vie ! »
« Ici, le chef, c'est moi ! »
« Je ne me laisserai pas doubler par ce type ! »
« Je n'ai pas à supporter ce que je n'ai pas envie ! »
« Je vais leur montrer qui commande ici ! »
« Je ne supporte pas de voir ma fille se laisser marcher sur les pieds ! »
« Ce fichu Fred, pas capable de se débrouiller seul ! »
« Heureusement, je connais ce Greg, et je sais bien comment le coincer ! »
« Je ne me laisse pas faire, et je n'aime pas les pleurnichards ! »
« Heureusement que je suis là ! »
« On aura toujours besoin de gens qui ont les pieds sur terre, comme moi ! »
« Une chose importante, c'est d'être juste ! »
« Quand on m'accuse, je trouve qu'on a tort de le faire. »
« Je n'aime pas m'ennuyer, j'aime les choses qui bougent. »
« Mon point de vue est le bon. »

Ce qu'on dit d'eux

« On peut compter sur elle ! »
« Il s'habille comme bon lui semble, sans se soucier du qu'en dira-t-on. »

« Heureusement qu'elle ose dire ce que personne n'ose. »
« C'est évident que l'exercice du pouvoir lui plaît. »
« C'est sécurisant d'avoir un chef comme lui ! »
« Avec lui, on sait à quoi s'en tenir ! »
« Ne lui dites pas qu'il va mal ! »
« Bernard est un excellent chef d'équipe. »

AT *Les États du moi de l'AT*

EdM Parent Dominateur important, souvent Persécuteur. Adulte; Enfant Libre (parfois démesuré).
> Mo 1. Sois fort. 2. Dépêche-toi (et Dépêche-toi pour moi). 3. Sois parfait (et Sois parfait pour moi).

Célébrités du type

Richard III, Charles de Gaulle, F. Mitterrand, Abbé Pierre, Picasso, Wagner, A. Prost, Golda Meir, G. I. Gurdjieff, A. Juppé, W. Churchill, Frank Sinatra, Michael Gorbatchov.
Personnages souvent interprétés par : Jean Gabin, John Wayne, Annie Girardot, Lino Ventura. Scarlett O'Hara (dans *Autant en emporte le vent*).
De nombreux groupes de hard-rock s'expriment d'une manière Huit.

Ce qui manquerait au monde sans les Huit

Les expériences de vie des Huit leur ont appris à dépasser les sentiments de frustration qu'ils ont connus en développant des atouts fondamentaux, nécessaires à l'humanité : le sens de ce qui est possible face à l'adversité (et c'est la ***puissance*** !), et la détermination de persévérance face à l'adversité (et c'est le ***courage*** !).

SYNTHÈSE DU TYPE HUIT

vers l'Intégration (Evolution)	**force principale :** courage	⇑
+		⇑
aspects positifs du type indiqué par la contre-flèche : humilité, amour	**vertu :** simplicité	
	Mécanisme de Défense : déni	
	Attention première : pouvoir contrôler	
	compulsion : éviter la faiblesse	⇓
vers la Régression +	**tendance principale :** excès	
aspects négatifs du type indiqué	**fierté :** « Je suis fort, je suis juste »	
par la flèche : avarice	**orgueil :** « je suis fort »	⇓
Ordre des Centres :		

Ce qui importe : être fort, affirmer son autorité

Le type NEUF

♁ *La Force principale* du Neuf est la capacité de **Soutien,** d'acceptation

« La paix est le fruit de l'amour, car pour vivre en paix, il faut savoir supporter bien des choses. »
La Mennais

ξ *Enfance et Mécanisme de Défense*

Le ressenti important de la personne de type Neuf, dans son enfance, fut souvent de se sentir coincée entre deux points de vue. Ce qu'elle faisait était généralement peu considéré, ce qu'elle demandait, peu entendu. Au sein de la famille, elle avait l'impression que ses frères et sœurs étaient mieux servis. Elle en ressentait une colère qu'elle n'osait pas exprimer.

Ce qui l'effrayait le plus, c'était les conflits (d'où sa compulsion : *les éviter*).

C'était souvent ce qu'on appelle un « rêvasseur », plutôt distant lorsque les autres vivaient des discussions animées.

Pour s'en sortir, elle s'est résignée et a développé un Mécanisme de Défense, parfois appelé abrutissement, parfois narcotisation (C), parfois anesthésie, parfois, inertie (Voir annexe III).

Il s'agit d'endormir sa colère par un moyen de compensation. Petit, par les bonbons, les sucettes; adulte, par ces « sucettes » d'adulte que peuvent devenir les ***habitudes*** et les « drogues » comme le tabac, l'alcool, la télé, les collections, les douceurs diverses, etc.

Ne sachant que faire devant la nouvelle dispute de ses enfants, Maurice se réfugie devant la télé avec un verre de whisky.

@ L'Attention première

L'Attention première du Neuf, c'est de connaître l'opinion des autres et de repérer tout ce qui peut conduire à son inconfort personnel.

Quand il arrive à la réunion, Marcel s'inquiète avant tout de connaître les opinions des autres participants.

Compulsion : éviter les conflits.

Cela veut dire que le Neuf fera beaucoup pour éviter les situations de tension autour de lui.

Ordre des Centres

1. Centre Instinctif
2 et 3. Les 2 autres selon l'aile.

Tendance principale : la paresse

Parce qu'il cherche à éviter les conflits, le Neuf réagit souvent en « laissant tomber les bras » devant la difficulté.

Devant la tension qui se développe entre sa femme et sa fille, Émile lâche un « Je ne sais pas quoi faire » et retourne dans son fauteuil.

Motivations principales : ETRE RECONNU pour sa paix intérieure et rayonnante.

Le Neuf souhaite avant tout s'unir aux autres, de manière à maintenir les choses comme elles sont et éviter les tensions et les conflits. Ce qui l'entraîne généralement à sous-estimer ce qui pourrait lui être désagréable, afin de préserver sa paix et la paix régnant autour de lui à n'importe quel prix, jusqu'à l'ambivalence.

♥ Vie Relationnelle

Pour un Neuf, toute séparation est vécue comme très difficile. Dans l'adolescence, dans la vie amoureuse, et même dans la vie professionnelle, il sera considéré comme « collant » par les autres, tant il lui est pénible de mettre un terme aux relations qui ont compté pour lui.
Pour éviter de souffrir affectivement, il lui arrive fréquemment de s'occuper de choses relativement indifférentes plutôt que de ses sentiments.
Il se caractérise aussi par le fait de mettre assez d'énergie à trouver des solutions aux problèmes qui se posent autour de lui, afin d'éviter les discussions.
Tout ceci en fait un être plutôt fermé, en ce qui concerne l'expression de ses sentiments.
Il prend beaucoup de détails en charge (réparations à la maison, comptabilité du ménage, etc.) plutôt que de s'engager à fond dans une relation.
On dit du Neuf *« qu'il dit ce qu'on veut lui entendre dire »*. Ou *« qu'il a un don pour deviner les intentions des autres »*. Sa crainte de déplaire est telle qu'il donne plus d'importance aux besoins des autres qu'aux siens.
Le Neuf se caractérise encore par ce désir « très romantique » d'espérer trouver un partenaire idéal; il rêve de fusion.

Sur le plan social, sa disponibilité en fait un membre facile de nombreuses associations.
L'inconvénient en est que cela le mènera à considérer l'autre comme responsable, en cas d'échec.
Par contre, s'il peut vivre une relation sans perdre son identité, celle-ci en sortira grandie.

Messages appréciés

Ce qu'aime le Neuf : Qu'on…
— prenne du temps pour discuter avec lui;
— lui laisse du temps pour gagner sa confiance;
— fasse appel à lui, en cas de conflit;
— lui permette de disposer d'un espace calme;
— lui laisse du temps pour prendre une décision.

Messages dépréciés

Exemples de ce que le Neuf n'apprécie pas : Qu'on…
— lui coupe la parole;
— l'oblige à trancher;
— le bouscule, qu'on lui dicte sa conduite;
— sentir qu'on abuse de sa capacité de compréhension.

Entente avec les autres types

Voir les autres types, sauf
Avec un autre Neuf : partenariat sans surprises.
• La vie de deux Neuf sera calme, prévisible, sans heurts.
Les décisions seront mûrement réfléchies.
Risque : le caractère morne de ce partenariat.

Prise de décision

Devoir prendre une décision est un véritable calvaire pour un Neuf, puisqu'au fond de lui, il est convaincu qu'en faisant cela, il exprime « son » point de vue, ce qui est pour lui un risque de contredire les autres.

✷ Vertu : la **diligence** (capacité d'**Action juste**)

En évoluant, le Neuf triomphe de sa tendance principale et fait preuve de sa capacité à être actif.

Quelques mois plus tard, Émile déclare : « Voyons comment régler ça ? Que faut-il faire ? Moi, je me propose pour aller chercher cette armoire chez la tante Elsa... »

Mot clé : **l'étalement du temps.**

Pour le Neuf, tous les instants se valent. Il confie généralement la gestion de son temps à quelqu'un d'autre. *« Gérer son temps n'est pas une question préoccupante pour moi. »*

Régressif : l'éléphant; évolutif : le dauphin.

Description succincte du Neuf

Le Neuf évolué

En phase d'intégration, le Neuf se distingue par sa capacité à diriger sa propre vie, il se sent autonome et accompli, il éprouve aussi beaucoup de satisfactions, fait preuve d'une bonne égalité d'humeur et de sérénité. Il se montre enfin profondément réceptif à l'égard des autres, naturel, franc et pacificateur. Dans ses contacts, un Neuf évolué se montre confiant, optimiste, rassurant et réussit bien à assumer les activités et les personnes qu'il a en charge. Patient, il se distingue encore par sa capacité d'humilité et devient une personne facile à vivre et authentique.

Il assimile les qualités du Trois (contre-flèche).

Le Neuf moyen

Il accepte trop des autres. Il éprouve des difficultés à refuser leurs demandes. Irréfléchi, assez inconscient, influençable, il agit parfois comme une personne irresponsable. Se « protège » fréquemment d'affronter les problèmes, par la pratique de comportements très programmés qu'il appelle ses habitudes et qui l'« engourdissent » (commérages, collections, drogues, télé ou narcotiques). Il cherche son confort et évite de faire face aux problèmes.

Il peut encore être paresseux, afficher des airs suffisants et se montrer passif. Il lui arrive souvent de commencer par apaiser les autres en minimisant les problèmes. Il éprouve des difficultés à dire « Non ».

Il aime être celui qui « reste en dernier lieu sur le navire ». Capable de grande empathie, il fait souvent preuve de diplomatie.

Il peut encore feindre la fatalité, comme si rien ne pouvait être amélioré.

Le Neuf, vers la régression

Quand le stress est important, le Neuf devient généralement fort passif, répressif, paresseux et négligent. Il ne veut pas voir les problèmes et s'en détache. Son comportement se distingue tout d'abord par la fuite de toute forme de conflit, même mineur. Comme il refoule beaucoup sa colère, elle éclate assez souvent de manière démesurée. Il cherche alors à compenser ce qui ne va pas chez lui par l'abrutissement, même faible (tabac, café, chocolat, gâteaux, etc.).

Il assimile les aspects négatifs du Six (flèche).

Le Neuf, vers la pathologie

Narcotisation importante, peut devenir catatonique (passivité et inertie psychique et physique), DSM III : Obsessionnel (pourchassé par des préoccupations inadéquates).

Difficultés majeures

Il peut être critiqué, déprécié pour son calme et son indécision.
Il est particulièrement difficile pour un Neuf d'exprimer spontanément son désaccord lorsque quelqu'un lui demande de faire quelque chose qui ne lui convient pas, d'affronter quelqu'un de face pour lui faire une critique.
Le Neuf regrette souvent de ne pas mieux savoir ce qu'il veut; de se soucier autant de l'opinion des autres.
Il trouve souvent qu'on ne prend pas assez ses opinions et sa peine en considération.

Pensées fréquentes et paroles

« Qu'est-ce qui fait que tant de gens s'énervent pour obtenir ce qu'ils veulent, je ne les comprends pas. »
« Plus il insiste, plus il attendra. »
« Je lui dirai que je suis d'accord avec lui, mais je ferai ce que je veux. »
« Heureusement que les gens me savent extrêmement accommodant. »
« Je déteste être dérangé. »
« Il me semble que chaque point de vue égale son contraire. »
« Rien ne mérite de s'en faire autant. »
« Les gens m'apprécient sûrement pour mon calme et ma stabilité. »
« Il est rare que je n'arrive pas à m'endormir. »
« Il vaut mieux minimiser les choses pour pouvoir s'entendre. »
« Une bonne cigarette, un verre de vin, et me voilà retapé. »
« Je ne me laisse pas vite enthousiasmer pour quelque chose. »

« J'aime beaucoup avoir du temps et ne rien faire. »
« J'ai parfois du mal à être vraiment attentif aux autres. »
« Pourquoi rester debout quand on peut s'asseoir et pourquoi rester assis quand on peut se coucher ? »
« Malgré leurs petites différences, je trouve que les gens se ressemblent assez bien. »
« Ah, vivement un bon café, une cigarette, retrouver ma collection de timbres, me retrouver devant ma télé, etc. »
« Je suis souvent en communion avec la nature et avec les gens. »

Ce qu'on dit d'eux

« Elle éprouve souvent beaucoup de difficultés à prendre une décision. »
« On se sent bien avec lui. »
« Elle est d'une patience rare, et ça me met en confiance. »
« Pour qu'il avance, il faut le pousser sérieusement. »
« Je ne crois pas qu'il se sente réellement important. »
« C'est une amie précieuse, quand on est plusieurs, on se sent toujours bien chez elle. »
« Il est plus facile de savoir ce qu'il ne veut pas que ce qu'il veut. »
« Odile est une excellente déléguée syndicale. Elle arrive toujours à défendre nos points de vue. »

AT *Les États du moi de l'AT*

EdM Parent Protecteur, peu de Parent Dominateur; Adulte; Enfant Adapté Soumis.
> Mo 1. Fais plaisir. 2. Sois fort. 3. Sois parfait.

Célébrités du type

E. Balladur, Carl Rogers, Clint Eastwood, Jung, Pavarotti, Walt Disney, Grace de Monaco, Eisenhower, Alfred Hitchcock, Ringo Starr, M. Drucker.

Ce qui manquerait au monde sans les Neuf

Les expériences de vie des Neuf leur ont appris à dépasser leurs propres désirs en développant des atouts fondamentaux, nécessaires à l'humanité : la capacité à « trouver » ceux de leurs semblables (et c'est la capacité d'***acceptation !***), et la détermination de les aider (et c'est la capacité de ***soutien !***).

SYNTHÈSE DU TYPE NEUF

vers l'intégration (Évolution) + aspects positifs du type indiqué par la contre-flèche : authenticité, capable de réussir	**force principale :** soutien **vertu :** action juste	⇑ ⇑
	Mécanisme de Défense : abrutissement	
	Attention première : éviter l'inconfort	
	compulsion : éviter le conflit	⇓
vers la Régression +	**tendance principale :** paresse	
aspects négatifs du type indiqué	**fierté :** « Je suis bien calme, facile à vivre »	
par la flèche : peur	**orgueil :** « Je suis bien »	⇓

Ordre des Centres : dépend de la personne

Ce qui importe : être conciliant, ne pas être séparé de ce à quoi il tient

Le type UN

ȣ *La Force principale* du Un est la capacité de
Perfection

« Pour chaque être, il existe une sorte d'activité où il serait utile à la société, en même temps qu'il trouverait son bonheur. »
Maurice Barrès

« Tout est interprétation de l'esprit »
Laurent Baecke

ξ *Enfance et Mécanisme de Défense*

C'est la séparation du milieu parfait de l'essence et du sein maternel qui est à l'origine de la compulsion et de la tendance principale : la colère (P).
Il n'y a pas de contradiction entre tendance principale et compulsion du Un : il vit en lutte intérieure permanente.
La personne de type Un a généralement vécu une enfance dans laquelle elle a eu l'impression qu'on attendait beaucoup d'elle. Elle a été forcée à devenir une bonne petite, une bonne élève, sans récompense. Ces attentes étaient souvent irréalisables. Ce qui la mettait en colère. Une colère qu'on lui a tellement appris à réprimer (*« Une bonne petite fille comme toi en colère, comme c'est vilain ! »*) que la colère est — à la fois (c'est le seul cas dans l'Ennéagramme) — devenue sa compulsion et sa tendance principale, c'est-à-dire la chose qui l'habite le plus souvent (tendance principale), et la chose qu'elle cherche à éviter (compulsion).
Pour éviter d'être critiquée par les autres, la jeune Un se critiquait beaucoup elle-même. Elle s'est ainsi forgée un niveau d'exigence élevé à l'égard d'elle-même et, petit à

petit, elle a commencé à avoir les mêmes exigences à l'égard des autres.

Pour s'en sortir, la petite personne de type Un a créé son Mécanisme de Défense : la **réaction** — formation réactionnelle (C) —, c'est-à-dire : réagir autrement que ce qui est attendu d'elle.

Quand elle est en colère contre sa collègue Martine, Solange lui sourit gentiment et lui donne de bons conseils.

@ L'Attention première

Chez le type Un, l'Attention première est consacrée à considérer ce qui est correct et incorrect à l'intérieur de lui-même, chez les autres et dans la situation où il se trouve, en fonction de ses critères personnels.

Quand Raphaëlle entre dans une salle de réunion, elle se demande tout d'abord si son attitude, sa présence sont correctes ou non, puis elle examine le lieu et vérifie si tout est en ordre…

Compulsion : éviter la colère.

Ce qui signifie essentiellement : éviter de se mettre en colère, la réprimer (voir ci-dessous : tendance principale).

Ordre des Centres

1. Centre Instinctif
2 et 3. Les Centres Emotionnel et Mental, aussi réprimés l'un que l'autre.

Tendance principale : la colère

Fondamentalement, le Un est en colère contre la vie. Il trouve le monde mal fait et les humains incapables. Il ressent qu'il faut le perfectionner.

Il consacre beaucoup d'énergie à contenir sa colère. Mais, de temps en temps, la pression est trop forte, il va alors s'arranger pour trouver des colères justifiées.

Isabelle se met en colère contre son mari : « Je t'avais bien dit qu'il ne fallait pas laisser les enfants jouer clans la cour ! Tu n'es qu'un... ! »

Motivations principales : ETRE RECONNU pour la qualité de ce qu'il fait.

Le Un veut avoir raison, veut changer les autres — souvent avec acharnement - pour justifier son point de vue, être au-delà des critiques, de manière à n'être condamné par personne.

♥ Vie Relationnelle

Dans la vie, le Un craint avant tout la colère. La sienne et celle des autres. Il a très rapidement pensé qu'il existait un moyen radical pour s'en protéger : vivre dans la perfection.
Et cela lui a fait découvrir de hauts niveaux d'exigences, pour lui et à l'égard des autres.
Le problème, c'est qu'il est impossible d'être ou de faire les choses parfaitement.
D'où ce que, précisément, il voudrait fuir : la colère contre lui-même, toute rentrée.
Quand les autres manquent de « perfection » à ses yeux, ce ne sera que quand le Un se sera convaincu du bien fondé de sa colère à leur égard, qu'il osera décharger cette émotion à leur endroit.
Cette colère contenue provoque souvent de la jalousie dans les relations intimes, un manque de souplesse dans les relations sociales où le Un s'enferme facilement dans des attitudes dogmatiques (intégristes).

Tout ceci entraîne le Un à chercher à avoir raison.
C'est pourquoi il vaut mieux éviter les disputes avec lui.
C'est pourquoi il vaut mieux complimenter son sens du sérieux, ce qui ne veut pas dire qu'il n'apprécie pas l'humour.
Le Un s'irrite (et c'est précisément ce degré de non-expression de la vraie colère, qu'est l'irritation, qui va envenimer les choses, pour lui — dans sa tête) quand on ne se montre pas attentif aux détails (respect dans la manière de le traiter, ponctualité, façon de se présenter).
Le Un cherche à presque tout perfectionner.
Et même les relations qu'il a avec les autres.
Vous le verrez préoccupé par le sens des responsabilités, l'attention portée à l'éthique des relations.
Comme le Un considère la vie comme très sérieuse, il n'est pas grand amateur de loisirs, et peut donc devenir un partenaire désagréable *« si l'on perd son temps »*.
De toute manière, dès qu'il ressent un aspect négatif dans une relation, il est porté à y mettre un terme.
Par contre, dès qu'il s'engage, il le fait avec beaucoup de sérieux.
Le Un considère habituellement les relations familiales comme importantes.

Messages appréciés

Ce qu'aime le Un :
— être félicité, sans flatterie, pour la qualité de son travail;
— la franchise et la droiture dans l'exposé des problèmes;
— les détails soignés (dans un rapport, quand on le reçoit);
— montrer qu'on apprécie ses conseils;
— montrer qu'on l'apprécie, même quand il n'est pas parfait;
— qu'en sa compagnie, on fasse les choses « comme il faut ! »

Messages dépréciés

Exemples de ce que le Un n'apprécie pas:
— des reproches, des critiques appuyées;
— sous-estimer les détails;
— l'improvisation, le désordre;
— l'expression spontanée des émotions, les grandes scènes.

Entente avec les autres types

• **Avec un autre Un:** partenariat de conventions.
Il se conduiront en partenaires modèles, sans grands épanchements, mais peut-être de l'ennui…
• **Avec un Deux:** partenariat contradictoire.
Partenariat assez difficile (le Un se réfugie dans la perfection et cherche les défauts du Deux, le Deux dans les émotions et accuse la sécheresse du Un). Sauf si les partenaires évoluent et que chacun s'enrichit des qualités de l'autre…
• **Avec un Trois:** partenariat à haut risque explosif.
Le Un peut considérer positivement le caractère conquérant du Trois, s'il parvient à ne pas le pourchasser de ses exigences de perfection. Le Trois peut apprécier le sens de l'organisation du Un. Les difficultés peuvent provenir du peu de place laissée aux émotions et de la différence de considération vis-à-vis de la morale: intransigeance pour le Un, insouciance pour le Trois.
• **Avec le Quatre:** partenariat très délicat.
Le Quatre risque d'indisposer en permanence le Un par l'expression de ses émotions. Le Un souhaite de la rigueur, du « sérieux » là où son partenaire répond par la provocation et l'étalage de ses états d'âme. Possibilités d'évolution qui demande patience et courage, autour du désir d'authenticité qui les anime, selon des modes bien différents.

• **Avec le Cinq :** partenariat de compréhension.
Facilités à trouver de nombreux points de compréhension: la rigueur, la mise à distance des émotions. Risques de conflits si le Un cherche à exercer le contrôle sur son partenaire. Possibilités d'entente s'ils fondent un accord selon lequel c'est le Un qui assure, pour les deux partenaires, le « lien social » avec le reste du monde.

• **Avec le Six :** partenariat de complicité.
Grandes complicités sur le même besoin de rigueur, de sécurité, de routine. Vie assez terne, ce qui — à terme — peut devenir difficile, surtout si l'un des deux évolue…

• **Avec le Sept :** partenariat « contre nature ».
Ne peut évoluer positivement que par la bonne volonté réciproque, l'affection et l'amour. Une piste, la spécialisation des rôles : le Un se chargeant des tâches rigoureuses qu'implique toute vie en société, le Sept offrant son goût du plaisir dont le premier a tout autant besoin, même s'il ne se l'avoue pas toujours facilement.

• **Avec le Huit :** partenariat à risque compétitif.
Difficile, surtout si les deux veulent diriger les choses. Évolution positive possible s'ils installent une vraie complicité de spécialisation : le Un peut apprécier la capacité à prendre des décisions du Huit, qui peut apprécier le caractère travailleur et l'homme (ou la femme) de tête qu'il peut trouver face à lui.

• **Avec le Neuf :** partenariat de complicités.
Entente assez évidente sur un certain nombre de points considérés comme importants pour les deux : l'ordre et l'harmonie, la réflexion poursuivie avant la prise de décision, l'image donnée de personnes sereines et contrôlant bien leurs émotions. Difficultés : supporter les discours moralisateurs du Un, supporter la tendance à « l'aplanissement à tout prix » du Neuf.

☞ Prise de décision

Pour le Un, il importe de considérer la « droiture » d'une décision.

« Ce qui compte, c'est que les choses puissent se faire correctement ! »

✷ Vertu : **la patience**

En évoluant, le Un triomphe de sa tendance principale et devient patient.

Bien qu'elle ait exprimé à son mari qu'elle souhaitait que les enfants ne jouent pas dans la cour, Isabelle déclare à celui-ci, sur un ton calme, assertif et agréable : « Chéri, veux-tu demander aux enfants de jouer ailleurs que dans la cour ? Merci. »

Mot clé : **le passé**

Étant donné que, pour lui, les solutions aux problèmes d'aujourd'hui existent selon des normes, c'est évidemment vers la recherche de ces normes que le Un s'oriente le plus souvent. Il est également très important pour lui de pouvoir planifier les choses. Perfectionniste, il n'a évidemment jamais assez de temps pour tout faire correctement.

« On n'a jamais assez de temps pour faire les choses comme il faut. »

Régressif : le fox terrier; évolutif : la fourmi.

Description succincte du Un

Le Un élevé

En phase d'intégration, le Un évolue vers la sagesse et la tolérance. Il est capable de se montrer réaliste, nuancé et accepte les opinions des autres. Il est rationnel, consciencieux et modéré.

Il déploie alors de grands efforts au service de ses idéaux élevés et il tente d'être agréable aux autres, ainsi qu'objectif à leur égard. Il attache beaucoup d'importance au caractère éthique de ses actes (il agit parfois comme un bon professeur de morale), de ses jugements, et de ses comportements.

Il fait preuve d'un haut degré d'intégrité personnelle. Il assimile les qualités du Sept.

Le Un moyen

Digne de confiance, productif, auto-discipliné, loyal, consciencieux et secourable, il fait preuve d'amabilité et d'humour.

Il agit comme un idéaliste permanent, acharné, tourné vers la perfection dans tous les domaines : c'est un réformateur toujours en croisade. Se sent parfois dépassé par ses responsabilités. Il passe du temps à défendre ses opinions et cherche à convaincre son entourage. Ordonné et efficace, il est plutôt impersonnel et contrôle trop ses émotions. Jugeant les autres d'une façon très critique (c'est le champion des « Il faut », « Tu dois »), il devient perfectionniste et « workaholic » (alcoolique du travail ou « bourreau du travail »), se montre vite indigné, hargneux et facilement punitif à l'égard des autres. Persuadé qu'en toute matière, il n'y a qu'une seule voie, il pense et cherche à imposer sa pensée binaire (noir ou blanc, bon ou mauvais), ce qui rend la prise de décision toujours difficile (Et si ce n'était pas la bonne ?) et l'amène à tenter de repousser les échéances. Supporte très mal d'être pris en défaut.

Le Un, vers la régression
En phase régressive, le Un peut être suffisant, intolérant, dogmatique et sévère dans ses jugements, ne supportant pas d'être pris en défaut. Il lui arrive d'agir en opposition avec ses déclarations, d'une manière hypocrite. Enfin, il punit facilement les autres. Il devient « intégriste ». Il assimile les aspects négatifs du Quatre.

Le Un, vers la pathologie
Il devient cruel, et sujet à de profondes dépressions.
DSM III : obsessionnel-compulsif (perfectionnisme permanent et maladif).

Caractéristique(s) particulière(s) du type

Développe assez souvent un mécanisme de défoulement consistant à avoir deux vies : une sérieuse, une autre où il est plus fantasque. Comme la société occidentale fait souvent du Un un modèle, il ne faut pas s'étonner de voir de nombreuses personnes, appartenant à d'autres types, lui faire l'un ou l'autre « emprunt ».

Difficultés majeures

Devoir supporter « l'à-peu-près ».
Arriver en retard à un rendez-vous.
Partir en vacances sans avoir étudié la documentation touristique de la région, réservé hôtels et restaurants, avoir planifié les déplacements.
Devoir supporter le retard dans la mise en ordre de son poste de travail, ou de son coin personnel à la maison. Etre continuellement « pourchassé » par un « juge intérieur ».
Éprouver assez souvent le sentiment d'être dépassé par ses responsabilités, de ne jamais pouvoir faire les choses aussi bien qu'il le voudrait.

Devoir supporter que les autres n'en fassent pas autant que lui.

Pensées fréquentes et paroles

« On dit souvent de moi que je suis méthodique et organisé. »
« Il n'est pas prudent de montrer ses sentiments. »
« Je suis quelqu'un qui ne se fâche que pour de fort bonnes raisons. »
« J'apprécie les gens qui suivent les règles. »
« J'aime faire les choses le plus parfaitement possible jusque dans les moindres détails. »
« Il ne faut agir que dans le sens de l'amélioration des choses. »
« Si on m'engueule, je m'en sors souvent par un sourire. »
« J'ai horreur d'être en retard. »
« Je pense que dans la vie, il faut faire ce qui est bien et condamner ce qui ne l'est pas. »
« Je déteste perdre mon temps. »
« J'ai dans la tête une petite voix qui me force à faire les choses du mieux possible. »
« Il m'arrive d'être déçu par moi-même et par les autres lorsque les choses ne tournent pas rond. »
« J'ai souvent l'impression que le temps file alors qu'il y a encore tellement à faire. »
« Pour être aimé ou apprécié des autres, il suffit de faire les choses parfaitement. »
« Toubeau, il reste toujours jusqu'à ce que tout le travail soit fini. »
« Elle a quitté son emploi, parce qu'on lui demandait de tricher sur les factures. »

Ce qu'on dit d'eux

« Laurent B. est un homme très sensible, très intelligent et fort cultivé. C'est une joie d'être de ses amis. »
« C'est un casse-pieds, un perfectionniste ! »
« Le jour où Lambert nous quitte, il faudra deux personnes pour le remplacer ! »
« Dès que quelque chose ne tourne pas rond, Gaëtane se fâche. »
« Pour elle, pas d'alternative, une chose est bonne ou mauvaise. »
« Jérémie est un excellent collaborateur. Il fait toujours de son mieux. »

AT *Les États du moi de l'AT*

EdM Adulte; Enfant Adapté; Parent Dominateur Critique (dans lequel il peut devenir Persécuteur), notamment tourné vers lui-même; éprouve des difficultés à être dans son Parent Protecteur.

> Mo 1. Sois Parfait (et Sois parfait pour moi). 2. Sois fort. 3. Dépêche-toi.

Célébrités du type

J. Delors, Rika Zaraï, Jean-Paul II, Margaret Thatcher, Martin Luther, Elisabeth II, Cousteau.
Personnages : M. Spock, Mary Poppins.

Ce qui manquerait au monde sans les Un

Face aux difficultés de la vie, les Un ont réussi à sublimer leur colère en orientant cette énergie au service d'***idéaux élevés*** et développé un talent riche pour l'humanité : le sens de la ***rigueur personnelle.***

SYNTHÈSE DU TYPE UN

vers l'Intégration (Évolution) +	**force principale :** perfection	⇑ ⇑
aspects positifs du type indiqué par la contre-flèche : tempérance, optimisme	**vertu :** patience	
	Mécanisme de Défense : réaction	
	Attention première : ce qui est correct/incorrect chez moi et les autres	
	compulsion : éviter la colère	⇓
vers la Régression +	**tendance principale :** colère	
aspects négatifs du type indiqué	**fierté :** « Je suis droit, je travaille »	
par la flèche : envie	**orgueil :** « Je travaille »	⇓
Ordre des Centres :		

Ce qui importe : avoir raison, être reconnu pour la qualité de ce qu'il fait

Les 3 types du Centre Emotionnel

Le type DEUX

La Force principale du Deux est la capacité d'**Amour**

« Méfiez-vous du premier mouvement, il est toujours généreux. »
Talleyrand

« L'amour a toujours été pour moi la plus grande des affaires, ou plutôt la seule. »
Stendhal

Enfance et Mécanisme de Défense

Au petit Deux, on a fait comprendre que satisfaire les besoins des autres passait avant la satisfaction des siens.
On lui a tellement inculqué cette façon de faire plaisir aux autres, qu'il a fini par oublier ses propres besoins (compulsion : *éviter de reconnaître ses propres besoins*).
Devoir plaire à ce point aux autres l'a rendu très sensible à la désapprobation des autres (autre formulation pour sa compulsion : *éviter le rejet*).
Beaucoup de petits Deux ont, de ce fait, été considérés comme très sympathiques par les autres enfants, puis adolescents.
On aime les avoir près de soi, ils sont aussi compréhensifs que de bons parents.

Pour s'en sortir, il a développé un Mécanisme de Défense de **refoulement** de ses besoins (voir annexe III).

Sous stress, Marc en oublie de boire, tellement il refoule ses propres besoins.

@ L'Attention première

L'Attention première du Deux se porte sur ce qu'il peut faire pour satisfaire les désirs et les besoins des autres, afin d'être apprécié et aimé.

Quand Stéphanie arrive à la réunion, elle se précipite auprès de Frédérique et lui demande : « Tu crois que tout le monde se sentira bien ? »

Compulsion : **éviter le rejet** (et éviter de reconnaître ses propres besoins (C).

Ce qui signifie que le Deux fait beaucoup pour éviter d'être rejeté par les autres — et notamment, éviter d'être attentif à ses propres besoins.

Ordre des Centres

1. Centre Émotionnel
2. Centre Instinctif
3. Centre Mental.

Tendance principale : l'orgueil

Parce qu'il cherche à éviter de reconnaître ses propres besoins, le Deux se sacrifie pour les autres et finit par éprouver la sensation d'être indispensable, source de son **orgueil.**

Denise a tellement travaillé pour organiser le mariage de sa fille qu'elle lui lance, en public : « Heureusement que j'étais là ! Sinon, qui se serait occupé de tout ? »

Motivations principales : ETRE RECONNU pour son souci des autres.

Le Deux veut être aimé, veut exprimer son affection et ses sentiments à l'égard des autres. Veut être utile et même indispensable.

♥ Vie Relationnelle

La vie du Deux est basée sur la croyance selon laquelle il ne se sentira apprécié que s'il s'occupe bien des autres.
Secrètement — ou alors d'une manière très affirmée — (les deux cas sont possibles), il fait beaucoup pour être au centre des relations.
Tout en ayant l'air d'être serviles, les Deux mènent souvent les autres où ils veulent.
Il craint beaucoup la contradiction, qu'il lui est très difficile d'admettre comme une position différente : il la prend pour une opposition à sa personne.
Il manifeste souvent ses émotions avec démesure (d'une manière hystérique). Ce qui rend les relations très difficile avec le Deux, c'est que même s'il ne reconnaît pas ses propres besoins (sa compulsion), il peut se fâcher d'une manière quasi hystérique s'il ne l'obtient pas.
Se plaindre et se sous-estimer sont des attitudes manipulatrices fréquentes du Deux.
Le flirt, le sexe sont souvent des « moyens » de s'approprier l'autre, sans qu'ils soient vécus avec authenticité par le Deux.

Le Deux éprouve de sérieuses difficultés à s'engager dans une relation avec quelqu'un qui « n'a pas besoin » de son dévouement.
Le Deux apprécie les relations triangulaires : avec un homme ou une femme déjà engagés, par ailleurs.
Mais le Deux est presque toujours très meurtri par une séparation ou un rejet.

Messages appréciés

Façons dont le Deux aime être traité : Qu'on…
— se montre sensible à ses efforts, ses attentions, son aide, son soutien;
— partage beaucoup avec lui (ennuis, sentiments, vécu);
— se montre attentif à son environnement affectif (famille, collègues);
— lui permette de personnaliser son environnement.

Messages dépréciés

Exemples de ce que le Deux n'apprécie pas :
— être isolé (lui qui a tant besoin du contact avec les autres);
— les cachotteries;
— voir son aide refusée;
— l'ironie;
— le mode de l'impératif : « Fais comme ça. »

Entente avec les autres types

• **Avec le Un :** voir ce type.
• **Avec un autre Deux :** partenaires jumeaux, deux personnes de type Deux vont rivaliser de gentillesse l'une pour l'autre. Risques : sous stress, ils peuvent se disputer autant que les autres couples, se reprochant l'ingratitude de l'autre qui, aux yeux de chacun, n'en fait jamais autant que lui.
• **Avec le Trois :** partenariat commençant par une séduction réciproque importante qui a besoin de temps et de

patience pour que le Trois apprenne l'aisance avec le monde des émotions.

• **Avec le Quatre:** partenaires souvent inséparables, où le Deux se met souvent au service de l'originalité du Quatre.
Difficulté : le déséquilibre « servant »/« servi » est difficile à faire évoluer.

• **Avec le Cinq:** partenariat difficile parce que fort contrasté.
Le Cinq s'agace facilement des empressements du Deux. Le Deux s'agace du manque d'attention du Cinq. Mais il peut évoluer, lorsque le Deux assume le rôle de « lien social » qui permet au Cinq de rester en retrait, et que le Deux accepte de réduire ses exigences de proximité émotionnelle.

• **Avec le Six:** partenaires pleins d'attention l'un pour l'autre, mais l'un agit ainsi comme s'il visait le bien-être de l'autre, alors que l'autre le fait pour gagner en sécurité.
C'est l'impression d'être exploité par l'autre qui peut devenir la difficulté première de ce type de partenariat: le Six peut se sentir envahi par le Deux, le Deux être déçu du refus de sa bienveillance.

• **Avec le Sept:** partage de valeurs identiques appréciable : le goût du contact, l'importance du plaisir pris en compagnie des autres.
Difficulté: l'envie d'une relation sérieuse du Deux se heurte au besoin permanent d'évasion du Sept.

• **Avec le Huit:** grande attraction généralement suivie de conflits déchirants: le Deux désirant conserver ce lien, alors que le Huit éprouve le besoin de reconquérir d'autres personnes.

• **Avec le Neuf:** deux personnes qui se mettent facilement à la place de l'autre, créent un climat calme, où les valeurs affectives sont primordiales. C'est de leur capacité à apprendre à savoir refuser assertivement (c'est-à-dire, savoir refuser sans porter atteinte à la relation[1]) que dépend le maintien de leur relation.

☞ **Prise de décision**

Le Deux n'est pas toujours conscient de ce que ses décisions sont prises en fonction des autres.
« Pourvu que cela ne déplaise pas à… »

☀ Vertu : **humilité**

Quand il évolue, le Deux triomphe de son orgueil et accède à l'humilité.

Au mariage de sa fille, un invité dit à Denise : « Heureusement que tu étais là pour t'occuper de tout… »
Assertivement[1], Denise répond : « Merci. »

⏱ Mot clé : **non-appartenance**

Pour le Deux, ce n'est pas lui qui gère son temps. bien sûr, puisqu'il est à la disposition des autres.

Régressif : le chat; évolutif : le cocker.

Description succincte du Deux

Le Deux élevé

En phase d'intégration, le Deux élevé est altruiste et désintéressé, capable d'amour inconditionnel. Il mani-

---

1. Voir *Oser être soi-même* — Bibliographie de l'auteur. Savoir refuser sans porter atteinte à la relation est une capacité à acquérir par les Techniques d'Affirmation de Soi.

feste beaucoup d'empathie, de compassion et de chaleur dans ses relations. Enfin, il se montre concerné par les autres, encourageant et aidant.
Il assimile les qualités du Quatre (contre-flèche).

Le Deux moyen
Exubérant, chaleureux, le deux moyen déborde d'attention auprès d'autrui. Se comporte d'une manière souvent envahissante, surprotégeante et possessive comme une « mère poule-qui-n'en-fait-jamais-assez ». Se trouve indispensable et « en fait trop ». Ne sait pas dire « Non ». Adapte sa présentation en fonction des autres. Devient condescendant et déclare souvent « se sacrifier » pour l'autre ou les autres. Craint beaucoup la solitude. S'arrange pour avoir beaucoup d'amis. Cherche tellement à ne pas contrarier les autres qu'il s'y identifie et vient à se demander « Qui suis-je vraiment ? ». Ce qui entraîne une soif de vraie liberté.

Le Deux, vers la régression
En phase régressive, le Deux se montre facilement culpabilisant, et intéressé.
Il ne tient absolument pas compte de ses propres besoins et ne se tient pas pour responsable de ses comportements. Parce qu'il ne sait pas demander de choses pour lui-même, il tente de les obtenir en manipulant les autres. Dominateur et coercitif, il cherche à rendre l'autre dépendant de lui.
Il assimile les aspects négatifs du Huit (flèche).

Le Deux, vers la pathologie
Il se plaint beaucoup d'être une « Victime », devient hypocondriaque. Le Deux vers la pathologie éprouve facilement des problèmes psychosomatiques.
DSM III : hystérique et dépendant.

Caractéristique(s) particulière(s) du type

Une des difficultés du Deux provient de ce qu'il croit devenir « égoïste » s'il ose s'occuper de lui.
Il n'a pas appris qu'on aime bien les autres que dans la mesure où l'on s'aime bien soi-même.
Pendant des siècles, l'éducation des filles — en particulier dans les milieux catholiques — a fortement valorisé le comportement du Deux.

Difficultés majeures

Dire non, refuser sans donner les bonnes raisons de le faire.
Supporter une mauvaise opinion de soi-même.
Avoir peur d'être considéré comme égoïste, s'il fait quelque chose uniquement pour lui.
Devoir supporter que les autres ne fassent pas autant pour lui qu'il n'en fait pour les autres.
Devoir accepter d'être mis à l'écart, sans contact pendant plusieurs heures.
Dire à quelqu'un qu'il ne peut lui rendre le service annoncé, sans se fondre en excuses.
Oublier les affronts, les désagréments qu'on lui a faits.

Pensées fréquentes et paroles

« Je tiens à ce que les gens soient à l'aise avec moi. »
« Quand les gens ne veulent pas de mon soutien, je me sens triste et inutile. »
« J'éprouve parfois un profond sentiment de solitude. »
« Je trouve difficile de demander aux autres ce dont j'ai besoin. »
« Finalement, les gens qui dépendent de moi et de ma générosité sont assez nombreux, et c'est ma grande fierté. »

« Je suis quelqu'un qui fait beaucoup de compliments aux autres. »
« C'est généralement moi qui prend l'initiative du contact. »
« Je me sens parfois si seul, et un peu… poire. »
« Il m'arrive de m'en faire pour les autres, au point d'en être malade. »
« Je n'aime pas assez mes proches. »
« C'est parfois frustrant de ne pas pouvoir faire tout ce que je voudrais faire pour les autres. »
« Je crois que si je m'occupais de moi, les gens me diraient égoïste. »
« J'espère que je ne les ai pas blessés. »
« Je suis quelqu'un qui se fait rapidement des tas d'amis. »
« J'aime les chansons et les bons films d'amour. »
« De temps en temps, il m'arrive de penser : "Gare au prochain qui m'ennuie". »

Ce qu'on dit d'eux

« Michel P. est un homme généreux, subtil et raffiné. C'est une grande joie d'être de ses amis. »
« Odette F. est une personne sensible, intelligente et cultivée. Elle a un don extraordinaire pour encourager les gens qui sont confrontés à des difficultés personnelles. Je suis bien heureux de l'avoir connue. »
« Elle ne sait pas dire non. »
« Quand j'ai un problème, je sais que je peux compter sur Guillaume. Il se démènera pour m'en sortir. »
« C'est une excellente hôtesse, toujours prévenante. »
« Il dirige son équipe comme si c'était sa famille, en se montrant attentif à chacun. »

AT *Les États du moi de l'AT*

EdM Parent Protecteur; Enfant Adapté et Enfant Libre.
> Mo 1. Fais plaisir. 2. Essaie plus fort.

Célébrités du type

Madona, Mère Teresa, Gandhi, Elvis Presley. Jerry Lewis, Elisabeth Taylor, Marie-Madeleine, Simone Veil, Robert Hue, Brigitte Bardot et le modèle de la mère juive idéale.

Ce qui manquerait au monde sans les Deux

L'énorme quantité d'affection et d'attention aux autres que les Deux manifestent vis-à-vis de leurs semblables trouve son fondement dans cette énergie sublime — et tout à fait indispensable à l'humanité — qu'est l'***amour.***

SYNTHÈSE DU TYPE DEUX

vers l'Intégration (Evolution) + aspects positifs du type indiqué par la contre-flèche : équanimité, créativité	**force principale :** ⇑ amour ⇑ **vertu :** humilité **Mécanisme de Défense** : répression **Attention première :** comment se rendre indispensable **compulsion :** éviter le rejet ⇓
vers la Régression + aspects négatifs du type indiqué par la flèche : excès	**tendance principale :** orgueil **fierté :** « J'aide, j'aime » **orgueil :** « je suis indispensable » ⇓

Ordre des Centres :

Ce qui importe : aimer, être aimé, être reconnu pour sa qualité d'attention aux autres

Le type TROIS

♉ La Force principale du Trois est la capacité de **Réussir**

« L'art d'être tantôt très audacieux,
et tantôt très prudent est l'art de réussir. »
Napoléon Ier

ξ *Enfance et Mécanisme de Défense*

Au petit Trois, on a surtout appris que ce qu'il faisait était ce qu'il y avait de plus important. « Faire » est devenu plus important que « être ».
Il était complimenté pour ce qu'il faisait, pas pour ses relations, encore moins pour ses ressentis.
Cela a été tellement répété qu'il en a développé une véritable phobie de l'échec (compulsion : *éviter l'échec*). Cela a souvent fait de lui un enfant qui travaillait bien à l'école (au moins dans une branche ou l'autre). Cela lui a aussi valu de s'engager très rapidement dans des activités complémentaires (scolaires ou autres), de façon à en recueillir de l'admiration — un domaine (l'admiration des autres) dans lequel il a toujours bien réussi.

Pour s'en sortir…
Il a fini par tellement croire qu'il était « ce qu'il faisait » qu'il a développé un mécanisme d'**identification** (ce qui veut dire « se conformer » à un rôle) à ce qu'il croit qu'on attend de lui (Voir annexe III).

Sous stress, André redouble d'énergie et montre encore plus fort qu'il est le plus doué pour résoudre les problèmes du service.

@ L'ATTENTION PREMIÈRE

Elle concerne ce que le Trois pourra **faire** et qui lui vaudra l'attention positive des autres.

Quand il arrive à la réunion, Luc cherche ce qu'il pourrait bien faire pour se faire remarquer positivement.

Compulsion : éviter l'échec.

Cela signifie que le Trois fera beaucoup pour éviter de prendre des risques pouvant l'amener à connaître une situation d'échec (dans la vie professionnelle comme dans la vie privée).

Ordre des Centres

1. Centre Emotionnel
2. et 3. Selon l'aile.

Tendance principale : la tromperie

Parce qu'il cherche à éviter l'échec, il multiplie les moyens pour réussir tout ce qu'il entreprend (dans tous les domaines) et considère, notamment, qu'il est permis de mentir pour atteindre ses buts.

André arrive en retard à un rendez-vous et déclare : « Excusez-moi, j'ai dû conduire mon fils à l'hôpital. »

Motivations principales : ETRE RECONNU pour ce qu'il fait.

Il cherche à s'affirmer et à affirmer sa différence, pour obtenir de l'admiration et impressionner les autres.

♥ Vie Relationnelle

La peur de l'échec du Trois est telle qu'il investit beaucoup pour être accepté par les autres. Et pour ce faire, il va chercher à briller, à accumuler les réussites (selon ses normes et celles de son entourage, bien sûr), à conquérir l'autre et les autres.

Cette importance donnée à « ce qu'il fait » le porte assez souvent à vouloir aussi « réussir » ses relations.

Et cela va valoir au Trois de consacrer du temps et de l'énergie à sa façon de paraître, à « l'image » qu'il donne de lui.

Il peut même lui arriver de « soigner » l'expression de son affectivité et de mettre celle-ci en scène.

Il cherche d'ailleurs à éviter toutes les émotions négatives, notamment en proposant des « activités agréables » à leur place (« Et si on sortait ? »).

L'importance que le Trois accorde à ses activités le porte à négliger la vie affective et émotionnelle.

Les loisirs sont souvent source d'angoisse pour le Trois.

Le Trois confond d'ailleurs assez souvent l'idée qu'il se fait d'une émotion (ce qui est abstrait) avec cette émotion (concrète).

Messages appréciés

Exemples de ce que le Trois aime :

— voir son travail, ses réussites appréciés, admirés;
— expression d'optimisme;
— pouvoir briller, « faire son numéro » en face d'autres.

Messages dépréciés

Exemples de ce que le Trois n'apprécie pas :

— les leçons de morale;
— les petites tâches dans l'ombre;
— les épanchements sentimentaux.

Entente avec les autres types

• **Avec le Un :** voir ce type.

• **Avec le Deux :** voir ce type.

• **Avec un autre Trois :** émulation permanente (dans la vie professionnelle), grande compréhension dans la vie privée (où l'un et l'autre cherchent davantage un partenaire « à exhiber » ou « pouvoir jouer au meilleur père, la meilleure mère »). Risque destructeur : la compétition sur le même terrain.

• **Avec un Quatre :** partenariat stimulant.

« Le meilleur » avec « l'exceptionnel ». On comprend que c'est un partenariat qui demande beaucoup de maturité pour pouvoir perdurer, dans lequel l'un devra mettre plus d'eau dans son vin…

• **Avec un Cinq :** partenariat basé sur la réflexion.

Difficulté : le Trois agit pour atteindre la reconnaissance des autres, le Cinq cherche à fuir les « réunions » à plus de trois personnes.

Peut évoluer positivement si le Cinq accepte les « escapades » de son partenaire, en échange de champ libre.

• **Avec un Six :** partenariat relativement rare.

Difficulté : le Six est exaspéré par le caractère audacieux, « risqué » de son partenaire, le Trois agacé par la recherche de sécurité — et sa conséquence de respect des règles — du Six.

Evolution positive possible s'ils acceptent leur complémentarité, le Six modérant la fougue du Trois, et ce dernier réalisant les idées (fort nombreuses) du Six.

• **Avec un Sept :** partenariat bouillonnant.

C'est celui où les projets les plus fous sont recherchés. Adversaires de l'encroûtement, ils peuvent s'engager dans de nombreuses voies, jusqu'au risque de l'endettement catastrophique.

Possibilité d'évolution : à condition que l'un des deux évolue en mettant de l'eau dans son vin.

• **Avec un Huit :** partenariat performant quand il y a unité de vues sur un projet (professionnel ou privé).

Risque : que l'un des deux cherche à saborder l'autre ou qu'ils se considèrent comme en compétition ouverte, l'un voulant être « le plus fort, l'autre, le meilleur ».

• **Avec un Neuf :** partenariat relativement « contre nature ».

L'un veut « gagner » contre l'adversité, l'autre veut « laisser les choses se faire », c'est de l'eau dans son vin mise par l'une des deux personnes que dépend l'avenir d'un tel partenariat.

☞ Prise de décision

La prise de décision n'est pas une question difficile pour le Trois, compte tenu de sa capacité d'adaptation.

« J'arriverai bien à m'arranger. »

✷ Vertu : **l'authenticité**

Quand un Trois évolue, sa vertu triomphe de sa tendance principale. Il devient alors capable d'exprimer la vérité.

André arrive en retard et déclare : « Excusez-moi, je suis en retard, c'est ma faute. »

Mot clé : **mesuré**

Pour le Trois, le temps est un moyen qu'il s'agit d'organiser au mieux (mesuré) afin d'atteindre le but qu'il s'est fixé. *« Pas une minute à perdre ! »*

Régressif : le paon; évolutif : l'aigle.

Description succincte du Trois

Le Trois élevé

En phase d'évolution, le Trois devient sûr de lui, énergique et adaptable.
Il plaît alors à beaucoup de gens.
Il suscite l'admiration pour sa capacité à enthousiasmer et à mener à bien ses projets ou ceux qu'il a pris en charge.
Il devient un leader qu'on suit facilement, parce qu'il inspire confiance.
Il assimile les qualités du Six (contre-flèche).

Le Trois moyen

Il est compétitif et absorbé par ce qui l'occupe (activité professionnelle, sociale ou personnelle), parce que réussite et prestige sont importants.
Sens pratique élevé, efficace et tourné vers ses buts.
Sa hantise de l'échec le porte à ne participer que s'il est sûr d'en sortir gagnant.
Superficiel, il attache beaucoup d'importance à son image.
N'aime pas vraiment les loisirs, préfère l'activité, ce qui entraîne une tendance à faire les choses rapidement et à en faire parfois plusieurs en même temps. Temps qui, forcément, lui manque toujours.
Surévalue souvent ses vraies capacités.
Se fâche s'il est interrompu dans son activité.
Les gens et les choses ne l'intéressent que dans la mesure où ils concourent à son succès.
Il peut être arrogant, prétentieux, et calculateur.
Adopte les sentiments du rôle qu'il tient.
Dans la majorité des situations, il n'exprime pas ses sentiments.

Le Trois, vers la régression
En phase régressive, le Trois se montre opportuniste. Menteur, il trompe souvent les autres, il les exploite. Il lui arrive aussi de se tromper lui-même. Vengeur, il peut saboter ce qu'il ne peut « avoir ».
Il assimile les aspects négatifs du Neuf (flèche).

Le Trois, vers la pathologie
Sadique, il peut présenter des tendances psycho-pathologiques telles que le suicide ou le meurtre. Bourreau de travail. DSM IV (1996) : mythomane.

Caractéristique(s) particulière(s) du type

Bon serviteur des systèmes idéologiques dominants, le Trois se voit souvent confier des fonctions d'encadrement qu'il mène à bien avec zèle et énergie — réalité fort importante en Occident, en cette fin de siècle. Richard Riso pense, notamment, que les USA ont développé une culture de type 3. C'est dire son importance comme modèle parmi les rôles présents dans nos sociétés.

Difficultés majeures

Devoir supporter l'incompétence des gens qui l'entourent.
Se sentir « obligé » de donner en permanence le meilleur de lui-même.
Ne pas pouvoir s'empêcher de se comparer aux autres.
Le Trois éprouve beaucoup de difficultés à vivre sans une « bonne planification »; à ne pas raconter ce qu'il a mené à bien; à rester de longues heures sans parler à quelqu'un; à ne pas tenter de séduire les gens qu'il rencontre.

Pensées fréquentes et paroles

« Je n'aime pas beaucoup parler de ma vie privée. »
« Il est bon d'occuper les gens. »
« J'aime bien planifier mon travail et n'être pas trop dérangé. »
« Je suis content de travailler pour un patron qui aime le travail bien fait. »
« Pour atteindre un but, il n'est pas grave de transformer un peu la vérité. »
« Je n'ai pas peur des heures supplémentaires. »
« Je me bats souvent pour la bonne cause. »
« Je ne comprends pas qu'il y ait des gens qui s'ennuient. »
« J'aime fréquenter des gens compétents et importants. »
« Je suis foncièrement optimiste. »
« J'aime passer du temps à discuter avec les autres. »
« Je crois que l'apparence des gens est très importante. »
« Pour s'en sortir, il m'arrive de déformer la réalité. »
« Je sais bien ce que les autres attendent de moi. »

Ce qu'on dit d'eux

« Elle m'ennuie, on dirait qu'il n'y a que le travail qui compte. »
« Elle a beaucoup d'assurance et sait mener les choses à bien. »
« C'est un bon chef de service, il sait mobiliser ses collaborateurs. »

AT ***Les États du moi de l'AT***

EdM Parent Dominateur (parfois Persécuteur); Parent Protecteur (pour amadouer); Adulte; Enfant Adapté et Enfant Libre.

> Mo 1. Sois parfait (et Sois parfait pour moi). 2. Sois fort. 3. Dépêche-toi (et Dépêche-toi pour moi).

Célébrités du type

Jimmy Connors, Anne Sinclair, Jean-Paul Belmondo, Alain Delon, A. Schwarzenegger, Jimmy Carter, John Kennedy, Ronald Reagan — la présence de ces présidents s'expliquant par le fait que *la culture américaine est de type 3*[1].

Ce qui manquerait au monde sans les Trois

Les Trois démontrent la valeur et l'importance de la *capacité* à agir ainsi que celle consistant à ***réussir*** ce qui est entrepris.

---

1. R. Riso. Voir Bibliographie.

SYNTHÈSE DU TYPE TROIS

vers l'Intégration (Evolution) + aspects positifs du type indiqué par la contre-flèche : loyauté, courage	**force principale :** ⇑ capacité à réussir ⇑ **vertu :** authenticité **Mécanisme de Défense :** identification **Attention première :** que faire pour être approuvé **compulsion :** éviter l'échec ⇓
vers la Régression + aspects négatifs du type indiqué par la flèche : paresse	**tendance principale :** tromperie **fierté :** « Je réussis, je suis efficace » **orgueil :** «J'ai du succès» ⇓

Ordre des Centres : dépend de la personne

Ce qui importe : réussir, être reconnu pour ce qu'il fait

Le type QUATRE

ꝸ *La Force principale* du Quatre est la capacité de **Créativité**, le sens artistique

« Chaque grand poète intègre le monde d'une façon qui n'est qu'à lui. »
Pierre Emmanuel

« Si je ne vaux pas mieux, au moins je suis autre. »
Rousseau

« Pourquoi jouer tant de notes alors qu'il suffit de jouer les plus belles. »
Miles Davis

« C'est l'imagination qui est le propre de l'homme. »
C. Castoriadis

ξ *Enfance et Mécanisme de Défense*

C'est un événement important de « déchirure, coupure » (décès, déménagement) ou vécu comme tel qui a provoqué chez le petit Quatre un fort sentiment d'abandon qui l'a amené à se considérer comme « vraiment différent des autres » (d'où sa compulsion : *éviter la banalité*). Devenu très sensible, il en a développé une imagination hors pair, tout en ayant souvent l'impression d'être « de trop ». Être critiqué a souvent développé en lui une attitude de révolte contre ceux qui le critiquaient.

Pour s'en sortir, il s'est créé un mécanisme d'**introjection,** c'est-à-dire qu'il « avale », qu'il « encaisse » tout sans piper mot (Voir annexe III).

Sous stress, alors qu'il est critiqué publiquement, Étienne ne laisse rien voir de ce qu'il ressent.

@ L'Attention première

Elle se porte sur « ce qui manque » là où il se trouve, ce qui serait bien mais n'est pas disponible, ce qui peut lui faire vivre des sentiments intenses.

Quand Eloïse arrive dans la salle de réunion, elle pense qu'il y faudrait des plantes, que les tables sont disposées « n'importe comment »...

Compulsion : éviter la banalité.

Ordre des Centres

1. Centre Emotionnel
2. Centre Mental
3. Centre Instinctif.

Tendance principale : l'envie

Parce qu'il cherche à éviter la banalité, le Quatre désireux de marquer sa place peut être jaloux de celui qui lui paraît plus différent que lui. Cette jalousie-là tourne à l'envie.

Claudine s'est fait faire un ensemble « chic » pour aller au mariage de Philippe. A peine arrivée, elle remarque et envie l'ensemble « sport » qu'Anne a choisi de porter, et qui rend cette dernière plus originale.

Motivations principales : ETRE RECONNU pour sa différence.

Il cherche à se comprendre et à s'exprimer dans quelque chose de beau, de différent (selon ses propres critères), dans le but de se mettre en retrait et s'occuper de ses besoins émotionnels.

♥ Vie Relationnelle

Parce que la vie l'a blessé, le Quatre cherche une compensation en se forgeant une personnalité « originale », différente des autres. Comme il cherche en permanence un idéal de vie inaccessible, et qu'il pense que les « autres » possèdent le bonheur, la réussite, cela le rend assez souvent envieux.

Avec le Quatre, rien n'est simple.

Ses relations sont grandement teintées d'idéaux romantiques.

La poursuite du bonheur semble compter davantage que le bonheur lui-même. Parce qu'il recherche tellement la profondeur des choses (il est tellement habitué à tout « introjecter »), il en devient plus sensible à « ce qui se passe en lui » dans une relation, plutôt que d'en goûter les joies avec simplicité.

Le Quatre apparaît souvent comme distant, tant il vit dans sa « quête » de l'inaccessible ou dans ses souvenirs, tant il importe à ses yeux de conférer à tous les aspects de sa vie un caractère « original ».

L'expression de sentiments normaux déclenche souvent des manifestations d'impatience, parce qu'il peut trouver cela « trop banal ».

Il souhaite beaucoup être écouté.

Le Quatre fait beaucoup d'insinuations, affecte les « regards qui en disent long » comme mode de relation au sujet de ce qu'il ressent.

Les manières, le goût de l'exceptionnel, les humeurs et un certain goût du luxe sont le lot fréquent du Quatre.

Il est porté à marquer un goût prononcé pour les absents : amants absents, amis éloignés, communion avec le divin.

Il est encore porté à l'expression théâtrale de ses humeurs.

Messages appréciés

Exemples de ce qu'aime le Quatre : Qu'on…
— exprime son admiration pour son originalité;
— exprime son affection pour lui;
— partage avec lui des émotions esthétiques;
— lui parle avec sincérité des sujets les plus graves, les plus sérieux (amour, mort, sens de la vie);
— l'invite dans un restaurant où le dîner est servi aux chandelles.

Messages dépréciés

Exemples de ce que le Quatre n'apprécie pas :
— être grivois, vulgaire;
— devoir se séparer de ses souvenirs;
— devoir aller dans des lieux banals;
— être comparé à quelqu'un d'autre.

Entente avec les autres types

• **Avec le Un :** voir ce type.
• **Avec le Deux :** voir ce type.
• **Avec le Trois :** voir ce type.
• **Avec un autre Quatre :** partenariat très délicat.
Peu compatible avec la vie professionnelle. Dans la vie privée, ils se complètent parfaitement pour jouer la passion déchirante, les ruptures suivies de réconciliations, les disputes passionnées, les scènes théâtrales.
Pas de risque d'ennui !
• **Avec un Cinq :** partenariat difficile, assez « contre nature ».
L'un abhorre les expressions dramatiques, l'autre en vit fréquemment. Partagent le point commun d'être tous deux des personnes « à part ».
• **Avec un Six :** partenariat très difficile.
Surtout si les deux accumulent leurs anxiétés.

Perspective positive si le Quatre accepte l'aide du Six qui peut canaliser sa créativité débordante, et si le Six accepte le piment que le Quatre met dans l'existence.

• **Avec un Sept :** partenariat ambigu.

Fait de nombreux points communs : l'exubérance, le changement, l'enthousiasme rapide suivi du désintérêt, le goût des choses sensuelles leur conviennent à tous deux. Par contre, il leur est plus difficile de concilier le désir d'engagement profond du Quatre avec le besoin d'éviter l'enfermement du Sept.

• **Avec le Huit :** partenariat de belle complémentarité.

Le Huit peut apprécier beaucoup de caractéristiques du Quatre : sa spontanéité (notamment sa colère), son « côté à part ». Le Quatre peut se sentir sérieusement aidé par quelqu'un capable d'endiguer ses débordements.

• **Avec le Neuf :** partenariat difficile.

Le Quatre broie du noir, le Neuf trouve que tout est pour le mieux dans le meilleur des mondes.

Mais ils peuvent se rencontrer sur ce qui leur convient à tous deux : la famille, l'amour de la nature, de l'esthétique. Chacun peut apprendre quelque chose de l'autre : la tempérance pour le Quatre, l'expression de soi pour le Neuf.

☞ Prise de décision

Ce sont les états d'âme qu'il ressent, ou qu'il pressent qui sont déterminants pour les décisions que le Quatre doit prendre.

« Pourvu que cela me permette de ressentir une forte émotion. »

« Du moment que cela me permette d'afficher ma différence. »

✷ Vertu : **l'équanimité**

En évoluant, le Quatre triomphe de sa tendance principale et parvient à une belle égalité d'humeur.

En arrivant à la noce de Philippe, Claudine félicite assertivement Anne pour son bel ensemble.

Mot clé : **passé et futur**

Le Quatre voyage beaucoup dans le temps. Des souvenirs de sensations vécues précédemment à un futur imaginaire (comme source de créativité), le Quatre se réfugie beaucoup dans ces deux dimensions. Il n'aime pas planifier le temps.

Régressif : le basset; évolutif : l'étalon.

Description succincte du Quatre

Le Quatre élevé

En phase d'intégration, le Quatre développe des qualités artistiques et une sensibilité à la condition humaine. Très intuitif, il peut être assez auto-suffisant.
Il exprime ses besoins et ses réalités personnelles avec honnêteté. Il lui arrive d'être sérieux et drôle à la fois. Enfin, il vit les réalités sentimentales et émotionnelles d'une manière très impliquée (les siennes et celles des autres). Il assimile les qualités du Un (contre-flèche).

Le Quatre moyen

Attitude et allure « artiste et/ou romantique » fréquente. Attiré par ce qui lui manque — et qu'il ne sait pas facilement définir — ce qui est lointain et inaccessible et que les autres « posséderaient », mais pas lui : amour, satisfaction, bonheur. Comme la vie ordinaire ne le satisfait pas, il a tendance à ressentir deux réalités : le monde objectif et le monde rêvé. Entretient de nombreuses illusions sur la vie — dont il vit souvent les aspects émotionnels d'une manière « dramatisée » — et sur lui-même. Passe assez facilement de la dépression à l'hyperactivité. Se montre sensible aux aspects esthétiques et imaginatifs de la vie. Fait souvent référence à des « élites » (selon ses normes, bien sûr). Exprime souvent ses émotions au travers d'une activité « remarquable » (à ses yeux). Peut en être très absorbé, préoccupé, introverti et mélancolique. Peut aussi se montrer de mauvaise humeur. Considère comme important de se montrer différent des autres. Souvent porté à l'apitoiement sur lui-même.

Le Quatre, vers la régression

En phase régressive, le Quatre peut se mettre en situation de dépendance à l'égard des autres. Il peut aussi inhiber ses propres ressources. Sujet à la dépression, il peut sombrer dans un certain dédain de lui-même, jusqu'à la mélancolie. Mais, cette tendance dépressive, il a le pouvoir d'en faire le terreau de sa créativité. Compte tenu de cela, il peut également se montrer haineux.
Il assimile les aspects négatifs du Deux (flèche).

Le Quatre, vers la pathologie

Mélancolie dépressive, et suicidaire.
DSM III : dépressif.

Difficultés majeures

Moments dépressifs assez fréquents.
Le Quatre est souvent habité par le doute et l'impression de ne pas mériter l'affection ou l'amour des autres.

Éprouve le sentiment d'attendre trop de la vie et des gens.
Vit avec la crainte d'être abandonné.
Rêve beaucoup d'avoir ce qu'il n'a pas.
Ne peut pas « sortir» vêtu du premier vêtement qui lui « tombe » sous la main.
Le Quatre éprouve assez de difficultés à s'intéresser à ses réussites.
Se trouve très dépendant de ses souvenirs.

Pensées fréquentes et paroles

« Je suis très sensible aux critiques. »
« J'ai toujours rêvé du grand amour. »
« Je suis très touché par ce que je lis dans les journaux. »
« Je suis flattée d'être considérée comme différente des autres. »
« Je suis plus sensible à ce qui ne va pas bien chez moi. »
« C'est important pour moi de pouvoir vivre selon mes idéaux. »
« Il m'arrive de déprimer assez longtemps. »
« La souffrance, la beauté et l'amour me touchent beaucoup. »
« Les gens ne se rendent pas bien compte des merveilles de la vie. »
« J'attache beaucoup d'importance au bon goût. »
« Je ressens les choses d'une manière plus profonde que la plupart des gens. »
« Les réussites affectives de certains me rendent parfois jaloux. »
« J'aime imaginer comment mettre les choses de la vie en scène. »
« J'éprouve assez de nostalgie. »
« Je vis beaucoup entre la gaieté et la tristesse, beaucoup moins au milieu des deux. »

« Personne ne me comprend. »
« Il y a des jours où je me demande 'A quoi bon lutter ?' »
«J'aimerais créer quelque chose d'unique, qui ait du sens et qui soit profond. »

Ce qu'on dit d'eux

« Filiep L. est un homme intelligent, sensible, généreux et travailleur. C'est une joie d'être de ses amis. »
« Il est très chaleureux et a une vision bien originale de la vie, mais il est trop souvent envieux. »
« Il a monté sa propre affaire, avec un objectif tout à fait nouveau, il a réussi parce qu'il est persévérant et créatif. »
« C'est la personne la plus stimulante que je connaisse, agréable et très subtile. »
« C'est un excellent collaborateur qui a su donner un ton particulier à la manière de faire son travail. »

AT *Les États du moi de l'AT*

EdM Parent Protecteur (parfois Sauveteur); Adulte; Enfant Rebelle et Enfant Adapté Soumis (souvent Victime).

> Mo 1. Fais plaisir. 2. Sois parfait (et Sois parfait pour moi).

Célébrités du type

Don Quichotte, E. Brontë, Greta Garbo, A. Rimbaud, J. Brel, M. Callas, M. Béjart, Beethoven, M. Proust, O. Welles, Joan Baez, E. Piaf, Van Gogh, Frédéric Mitterrand.
Personnage : Madame Bovary.

○ *Ce qui manquerait au monde sans les Quatre*

Les Quatre sont ceux qui vivent le plus profondément un rapport, souvent tendu et difficile, avec les potentialités créatrices qui dorment en chacun de nous. Ce témoignage est indispensable à l'humanité.

SYNTHÈSE DU TYPE QUATRE

vers l'Intégration
(Evolution)
+
aspects positifs du type
indiqué par la contre-flèche :
perfection, patience

force principale : ⇑
créativité, sens artistique ⇑

vertu : équanimité

Mécanisme de Défense :
introjection*

Attention première :
ce qui manque, qui serait
bien, mais indisponible,
ou qui permettrait
une sensation forte

compulsion :
éviter la banalité ⇓

vers la Régression
+

aspects négatifs
du type indiqué

par la flèche : orgueil
⇓

tendance principale :
envie

fierté : « Je suis sensible,
je suis différent »

orgueil : « Je suis unique »

Ordre des Centres :

Ce qui importe : être à part, être reconnu pour son identité, sa différence

* + sublimation

Les trois types du Centre Mental

Le Type CINQ

La Force principale du Cinq est la capacité de **Connaissance,** de précision

« Une seule chose est nécessaire : la solitude. La grande solitude intérieure. Aller en soi-même et ne rencontrer personne pendant des heures, c'est à cela qu'il faut parvenir. »
Rilke, *Lettre à un jeune poète*

Enfance et Mécanisme de Défense

Très tôt, le petit Cinq s'est construit une défense devant le manque d'amour de ses parents ou le trop-plein envahissant — les conséquences auront été les mêmes. Blessé, il cherche une.compensation dans la compréhension du monde qui l'entoure, lit beaucoup (d'où sa compulsion : *éviter* le *vide intérieur et éviter l'intrusion*).
Le Cinq peut avoir quelques bons amis, mais pas beaucoup. Curieux et souvent brillant, il a généralement été bon élève.

Pour s'en sortir, il crée un Mécanisme de Défense d'**isolement,** de retrait (voir annexe III).

Au milieu de l'équipe réunie autour d'un problème technique, François « s'arrange » pour ne pas être sollicité, et même pour ne pas être vu.

@ L'ATTENTION PREMIÈRE

Elle se porte sur ce qui lui permet de rester distant et d'observer ce qui se passe pour le comprendre.

Quand Florent arrive dans la salle de réunion, il cherche une place à partir de laquelle il pourra facilement observer les autres, sans être trop interpellé.

Compulsion : éviter l'intrusion des autres dans son espace personnel (et aussi, le vide intérieur) (C).

Ce qui signifie que le Cinq fera beaucoup pour éviter d'être envahi par les autres, comme il fera beaucoup pour s'occuper l'esprit.

Ordre des Centres

1. Centre Mental
2. Centre Emotionnel
3. Centre Instinctif.

Tendance principale : l'avarice (de ses connaissances et de son temps)

Le Cinq est porté à garder jalousement pour lui les connaissances qu'il a accumulées.

Déléguée syndicale de l'usine, Jeanne a recueilli systématiquement toutes les notes de service. Un recueil de renseignements qu'elle garde jalousement pour elle.

Motivations principales : ETRE RECONNU pour ses connaissances.

Il cherche à comprendre l'environnement, à acquérir des connaissances à son sujet, de manière à s'en protéger.

♥ Vie Relationnelle

Le détachement — réaction à la peur de souffrance due aux relations avec les autres — est ce qui mène la vie affective et relationnelle du Cinq.

Il se console assez facilement des blessures de la vie — en s'isolant.

Bien vivre avec un Cinq implique que l'on respecte — absolument — son besoin d'isolement. Il importe de ne manifester aucune inquisition vis-à-vis de ce besoin.

Beaucoup de Cinq sont aussi tiraillés entre ce désir d'isolement et le désir qu'on s'intéresse à eux.

Le Cinq préfère des engagements biens définis : dans ses relations, mais également que l'on précise ce qu'on attend de lui, sur tous les plans. Quand il s'attache, le Cinq devient souvent fort possessif. C'est quand il se sent libre d'agir sans contrainte que le Cinq est le plus capable de soutenir ses proches.

Son *« avarice des choses essentielles à sa vie intellectuelle »* (P) se manifeste dans la confidentialité des rapports intimes, dans une attirance pour les gens et les idées qui influencent la culture sociale, la création d'une tour d'ivoire (*« château fort »* P).

Capable de jalousie et de colère, il peut aussi faire montre de tendresse et vivre une sexualité agréable.

Messages appréciés

Exemples de ce qu'aime le Cinq :

— pouvoir prendre du retrait (aussi bien dans la vie professionnelle que dans la vie privée);

— qu'on exprime de la considération pour ses connaissances et ses conseils;
— pouvoir séparer vie professionnelle et vie privée de manière très nette.

Messages dépréciés

Exemples de ce que le Cinq n'apprécie pas:
— devoir prendre quelqu'un en charge;
— les débordements affectifs;
— l'improviste;
— devoir prendre une décision sans avoir le temps suffisant pour y réfléchir;
— être forcé de faire quelque chose rapidement;
— devoir rencontrer des inconnus;
— devoir prendre la parole en public.

Entente avec les autres types

• **Avec le Un:** voir ce type.
• **Avec le Deux:** voir ce type.
• **Avec le Trois:** voir ce type.
• **Avec le Quatre:** voir ce type.
• **Avec un autre Cinq:** partenariat idéal pour les deux. Très « identiques », ils ne risquent que l'ennui et la monotonie.
• **Avec un Six:** partenaires fermés sur eux-mêmes. Le Cinq appréciera le sens de la loyauté du Six, le Six la rigueur mentale du Cinq. Ils forment ensemble une association de protection du monde, mais courent le risque de sombrer dans l'ennui… par manque de risque.
• **Avec le Sept:** partenariat peu probable. Il n'y a presque que des oppositions entre eux: le Cinq fuit les autres, le Sept les recherche. Le Cinq pense au travail, le Sept au plaisir.
Possibilité d'évolution positive si chacun des deux évolue suffisamment pour accepter « d'apprendre » de l'autre.

• **Avec le Huit :** partenariat harmonieux.
Le Cinq trouve chez le Huit ce qui lui manque : la capacité d'entreprendre avec confiance, le Huit peut apprécier le caractère calme et indépendant du Cinq.
• **Avec le Neuf :** partenariat harmonieux.
Ils s'apprécient, tous deux aiment le calme, loin de l'agitation du monde.
Le Neuf rassure le Cinq, dans son rapport apaisant avec les autres. Risque : les difficultés à entreprendre des deux peuvent « bloquer » ce partenariat.

☞ Prise de décision

Ce qui importe pour le Cinq, c'est de n'avoir pas à prendre de décision sans avoir d'abord l'occasion de prendre du recul.

« Je n'aime pas devoir décider rapidement. »

✷ Vertu : **le détachement**

En phase évolutive, le Cinq triomphe de sa tendance principale et devient capable de désintéressement.

Quelque temps plus tard, Jeanne fait profiter ses collègues de son recueil de notes de service.

⌚ Mot clé : **passé et retrait**

Par définition, les connaissances appartiennent toujours à un passé, même proche, dans lequel il aime aller fouiller. Le Cinq est aussi la personne qui a le plus besoin de se retrouver seul avec lui-même, en retrait des autres. Même si on ne l'y invite pas, il s'arrangera toujours pour organiser son moment de retrait.

« Il est vraiment indispensable pour moi de pouvoir me retrouver seul avec moi-même. »

Régressif : le renard; évolutif : le hibou.

Description succincte du Cinq

Le Cinq élevé

En phase d'évolution, le Cinq évolué devient capable d'une haute compréhension de son environnement des autres.
Il peut être visionnaire. Découvre des choses nouvelles et invente des choses intéressantes. Il fait preuve de beaucoup d'intuition pour comprendre les choses et les gens. Très concentré, il s'implique fortement, traite les connaissances avec réflexion et précision. Considéré comme crédible, il prend ou on lui donne souvent une position d'expert.
Il assimile les qualités du Huit (contre-flèche).

Le Cinq moyen

Le Cinq moyen ne compte que sur lui et sur ce qu'il sait. Il est habituellement considéré par les autres comme « intellectuel » parce qu'il considère la bonne perception et « l'analyse » des choses comme primordiales. Éprouve un besoin important d'isolement. Peut vivre sans beaucoup de besoins, pour préserver sa solitude. Peut se détacher des autres qu'il sollicite d'ailleurs fort peu, obsédé par sa manière d'interpréter. Souvent dépendant d'idées fixes, de positions doctrinales, il se retrouve mis à distance, et « tourne en rond » dans son monde intérieur. Il « compartimente » assez souvent les choses, les problèmes, ainsi que ses relations. Trouve les espérances et attentes des autres épuisantes. Il peut parfois devenir dictatorial, extrémiste.

Le Cinq, vers la régression
En phase régressive, le Cinq manque d'assurance et peut se fermer à la réalité et à celle des autres. Antagoniste jusqu'au cynisme, il s'isole autant que possible et va jusqu'à refuser le contact avec les autres. Il « coupe les cheveux en quatre » et devient facilement querelleur.
Il assimile les aspects négatifs du Sept (flèche).
Obsédé par d'étranges idées, il peut en devenir…

Le Cinq, vers la pathologie
… paranoïaque. Phobique, malsain avec des tendances schizophréniques. DSM III : Schizoïde (enfermement dans son petit monde personnel).

Caractéristique(s) particulière(s) du type

Cette remarque concerne ceux qui vivent avec des Cinq (enfants, collègues). Il est important de respecter leur besoin d'isolement.

Difficultés majeures

Devoir renoncer à faire démonstration de ses connaissances, autour de lui.
Devoir être avec des inconnus.
Éprouve assez de difficultés à exprimer ses pensées d'une manière concise, ce qui « énerve » assez fréquemment ses interlocuteurs.
Devoir organiser une grande soirée, avec beaucoup d'invités.

Pensées fréquentes et paroles

« J'ai l'impression que peu de gens comprennent mon besoin de solitude. »

« Que puis-je faire pour échapper à cette réunion ? »
« J'ai plus appris de la vie en lisant et en observant que par l'action. »
« J'aime me plonger dans les choses qui m'intéressent. »
« Je n'aime pas suivre les règles. »
« Je me sens bien en compagnie des gens qui partagent mes intérêts. »
« Je n'aime pas me montrer agressif. »
« J'éprouve des difficultés à exprimer mes sentiments au moment même où les choses se passent. »
« Je me dis assez souvent n'être pas généreux. »
« Il faut garder ses sentiments pour soi. »
« J'ai besoin de pas mal de temps, et souvent d'un lieu, pour moi tout seul. »
« J'éprouve des difficultés à demander quelque chose pour moi. »
« Je préfère rester à l'écart et observer les gens, plutôt que de me mêler à eux. »
« J'ai tendance à être avare de mon temps et de mes connaissances. »
« Je déteste quand je n'en ai pas pour mon argent. »
« Il m'est assez souvent difficile de m'exprimer d'une manière juste et concise. »

Ce qu'on dit d'eux

« Elle est parfois négative et trop méfiante. »
« On ne sait jamais ce qu'il pense ! »
« Demandez à Victor ce qu'il en pense, et en plus, cela lui fera plaisir qu'on lui demande une information au sujet de… »
« Danièle est une experte ! »
« Françoise a mené sa vie avec amour, humour, courage, sensibilité. Sa présence en fait la plus douce et la plus délicieuse des compagnes. »

« Jean pratique un humour assez caustique, mais c'est fou, tout ce qu'il connaît. »
« Louise a une vision particulière des choses; par exemple, elle peut réagir à une insulte en disant que c'est une expérience qui ne manque pas d'intérêt. »
« Camille est un excellent collaborateur à qui on peut confier l'étude de nombreux problèmes. »

AT *Les États du moi de l'AT*

EdM Parent Dominateur (assez souvent Critique); Adulte; Enfant Adapté Soumis ou Rebelle (selon les circonstances et, parfois Victime).
> Mo 1. Sois parfait. 2. Sois fort.

Célébrités du type

R. M. Rilke, M. Rocard, Einstein, Sigmund Freud, Nietzsche, Jean-Paul Sartre, Bouddha, F. Kafka, Krishnamurti, Miguel Indurain, V. Giscard d'Estaing, Patrick Poivre d'Arvor.
Personnages: l'acteur Sean Connery a joué plusieurs fois des rôles de Cinq: dans « Au nom de la Rose », « Medicine Man », et même comme père d'« Indiana Jones », Daniel Auteuil.

Ce qui manquerait au monde sans les Cinq

Les Cinq sont des personnes qui apportent sur terre la preuve de l'importance des ***connaissances*** bien utilisées.

SYNTHÈSE DU TYPE CINQ

vers l'Intégration (Evolution) + aspects positifs du type indiqué par la contre-flèche : courage, simplicité	**force principale :** ⇑ connaissance, précision ⇑ **vertu :** détachement
	Mécanisme de Défense : isolement
	Attention première : ce qui permet de rester distant et d'observer
	compulsion : éviter l'intrusion et le vide intérieur ⇓
vers la Régression +	**tendance principale :** avare de connaissances et de temps
aspects négatifs du type indiqué	**fierté :** « Je sais, je comprends»
par la flèche : intempérance	**orgueil :** « Je sais » ⇓
Ordre des Centres :	

Ce qui importe : savoir, être utile, être « au courant »

Le type SIX

La Force principale du Six est la capacité de **Loyauté**

« Ah ce que je serais bien si j'étais bien. »
W. Allen

« La peur est la plus terrible des tendances parce qu'elle fait ses premiers effets contre la raison; elle paralyse le cœur et l'esprit. »
Rivarol

« A droit aller, nul ne trébuche. »
Thomelin

La description du type Six pose un problème particulier. Tous les auteurs s'accordent pour désigner deux catégories de type Six : l'un, considéré comme *phobique* — terme de la psychologie classique — (remplace l'action par la réflexion, reste sur la touche pour ne pas affronter ses peurs, recherche une autorité); l'autre appelé *contre-phobique* (qui teste les intentions des autres, prend le contre-pied systématique, défie l'autorité), mais la plupart décrivent leurs *caractéristiques* d'une façon commune.

Enfance et Mécanisme de Défense

L'enfance du petit Six a été marquée par la difficulté de comprendre le sens des réactions de ses parents. (Parfois dû à une nouvelle naissance provoquant un changement dans les repères.) Il a, très tôt, décidé qu'il était dangereux de faire confiance aux autres. Il en a dégagé une recherche effrénée de sécurité (d'où sa compulsion : éviter la déviance). Quand tout le monde respecte les règles, alors la sécurité revient; dans les groupes, il était très attiré par les jeux du genre « nous contre eux », dans lesquels il se rangeait dans le camp d'amis sûrs. Certains Six sont devenus très anxieux, par le fait d'avoir des parents perturbés. Dans ce cas, il leur arrivait même de reprendre « à leur compte » les angoisses d'un parent hyper-anxieux.

Pour s'en sortir, il a adopté le Mécanisme de Défense qu'on appelle **projection,** c'est-à-dire une tendance à « projeter » dans la tête des autres ses propres craintes, fantasmes ou intentions (voir annexe III).

Jean déclare à Stéphane que ce dernier est animé d'intentions malveillantes à son égard.

@ L'Attention première

Elle se porte vers ce qui peut paraître dangereux et menaçant.

Quand Gaëtan entre dans la salle de réunion, il repère l'issue de secours et cherche à d'abord éviter les autres.

Compulsion : éviter la déviance, la trahison.

Ce qui signifie : évite « ce qui ne se fait pas » (selon ses normes) et aussi, cherche surtout à ne pas être trahi par quelqu'un.

Ordre des Centres

1. Centre Mental
2. et 3. selon l'aile.

Tendance principale : la peur.

Le Six est une personne anxieuse qui vit souvent dans la peur.

Dès qu'il doit rencontrer des gens qu'il ne connaît pas, Germain attrape peur.
Quand arrive une nouvelle note de service, la première réaction d'Aline est : « Qu'est-ce qui va encore nous tomber dessus ? »

Motivations principales : ETRE RECONNU pour sa droiture.

Il cherche la sécurité, cherche à être apprécié et approuvé, cherche à tester les attitudes des autres à son égard, cherche à combattre l'anxiété et l'insécurité.

♥ Vie Relationnelle

La clé des relations du Six est le doute.
Le Six doute facilement des intentions de ceux qui l'entourent.
Dans une relation intime, cela le porte à pourchasser les preuves — par définition jamais satisfaisantes — de fidélité.
Le Six a tendance à s'identifier avec le problème de relation qui existe entre lui et les autres (projection).
Il cherche à contrôler la relation en offrant à son partenaire des attentions particulières, des prouesses sexuelles, de l'affection. Ce qui lui permet d'éviter de ressentir les sentiments que l'autre provoque en lui-même, source de peur.
Souvent leader de causes perdues.
Se sent à l'aise dans une attitude « nous contre le reste du monde » à laquelle participe son partenaire.

Le Six éprouve un grand besoin d'être rassuré dans ses relations.
« Qu'est-ce que cela cache ? Que penses-tu réellement de moi ? » sont au cœur de ses inquiétudes.

Messages appréciés

Exemples de ce qu'aime le Six : Qu'on…
— considère ses mises en garde;
— le prévienne de ses intentions;
— lui parle franchement et loyalement;
— le rassure souvent;
— l'invite à vérifier par lui-même ce dont il doute.

Messages dépréciés

Exemples de ce que le Six n'apprécie pas : Qu'on…
— parle « derrière son dos »;
— l'entraîne dans de l'imprévu;
— « joue » avec la sécurité, avec les règles.

Entente avec les autres types

- **Avec les types Un à Cinq :** voir ces types.
- **Avec un autre Six :** partenariat « Nous contre les autres ».

Très solidaires, ils risquent de créer un rempart contre les autres et le monde. Risque : croupissement, et réciprocité du doute.

- **Avec le Sept :** partenariat « contre nature » avec grandes possibilités évolutives, si chacun accepte de réellement rencontrer les richesses de l'autre. Le Six peut devenir un garde-fou apprécié vis-à-vis des excès du Sept et le Sept peut devenir un ferment d'optimisme et de gaieté dans la vie trop rangée du Six.
- **Avec le Huit :** partenariat délicat.

Le Six risque vite de trouver que le Huit en fait trop, et le trouve manipulateur. Le Huit risque vite d'être agacé par les scrupules et la prudence excessive du Six.

Possibilité d'évolution positive : s'ils s'entendent pour devenir complémentaires.

• **Avec le Neuf :** partenariat aisé.

Les deux s'entendent et se complètent assez « naturellement ». Risque : l'endormissement de ce type de partenariat, par manque de piment…

☞ Prise de décision

La prise de décision est quelque chose de particulièrement difficile pour le Six, lui qui voudrait pouvoir examiner toutes les conséquences d'une décision, avant de la prendre.

« Comment certains peuvent-ils prendre si rapidement leurs décisions ? Ils ne mesurent pas les risques qu'ils courent à agir ainsi ! »

✷ Vertu : **le courage**

Quand il évolue, le Six triomphe de sa tendance principale, et le courage prend place au lieu de la peur.

Huit mois plus tard, Germain se rend avec sérénité à cette réception organisée par Maxime.

Mot clé : **futur et avoir du temps**

Les inquiétudes pour ce qui va se passer (par définition, toujours au futur, même proche) sont telles que le Six aimerait sans doute avoir toujours plus de temps que ce qui est possible pour réfléchir à la bonne décision à prendre. Une fois celle-ci prise, le Six ne perd plus de temps en tergiversations pour l'appliquer au mieux.

Régressif : le lapin; évolutif : le chevreuil.

Description succincte du Six

Le Six élevé

En phase d'évolution, le Six élevé est capable de s'affirmer, confiant en lui et les autres. Bien qu'indépendant, il manifeste un intérêt plus élevé pour la compagnie de ses pairs. Il devient attachant, intéressant et agréable, cherchant même à connaître les réactions émotionnelles des autres.

Il se montre impliqué et loyal avec les gens qu'il connaît. Il donne de l'importance aux relations de famille et aux collègues. Enfin, il est reconnu comme personne fiable, responsable et digne de confiance.

Il assimile les qualités du Neuf (contre-flèche).

Six moyen

Remplace l'action par la réflexion. Imagine souvent le plus mauvais scénario possible.

Donne de l'importance aux figures d'autorité dont il cherche souvent à obtenir l'approbation ou les directives (pour s'y opposer, s'il est contre-phobique). Organisé, besogneux, souvent ambivalent, évasif et prudent. Adopte facilement un « parti pris » et se montre partial. Peut aussi prendre le contre-pied de ses peurs (il se conduit alors en ce que la psychologie classique appelle : contre-phobique), devenir autoritaire, très partisan, jugeant et prenant l'autre comme bouc émissaire pour compenser ses peurs. Pratique facilement la procrastination (remise au lendemain, à plus tard). Craint assez souvent ce que les autres appellent réussite. Grand sceptique, il met facilement les motivations des autres en doute et essaie de mettre ces motivations à nu. S'identifie aux causes perdues et devient « avocat du diable ». Ceci ne l'empêche pas de faire, à l'occasion, preuve d'humour. Si le « contre-phobique » peut faire preuve de provocation face à ses obligations professionnelles, sociales et familiales, le Six « phobique » se montre, au contraire, loyal et dévoué.

Le Six, vers la régression
En phase régressive, le Six peut devenir très dépendant, « accrochant », se dévalorisant, se sentant inférieur.
Très anxieux, il réagit alors démesurément à l'anxiété.
Il assimile les aspects négatifs du Trois (flèche).

Le Six, vers la pathologie
Tendances masochistes.
DSM III : paranoïaque.

Caractéristique(s) particulière(s) du type

Cette possibilité de développement « phobique » ou « contre-phobique » entraîne des comportements qui peuvent être à l'opposé les uns des autres.

Mathieu (phobique) *est un excellent postier. Marié, père de famille, il mène sa vie dans la droiture et la fidélité à ses engagements.*
Bernard (contre-phobique) *mène une vie de « rebelle » permanent, ce qui lui a, notamment, valu plusieurs accidents.*

Difficultés majeures

Devoir prendre une décision dans un bref délai, sans avoir l'opportunité d'envisager le plus d'options possibles.
Le Six éprouve des difficultés à voir clair en lui-même, à cause des aspects contradictoires de ses pensées, et fi-

nit par se considérer comme beaucoup trop critique à son propre égard.
Il est fréquemment sujet à la crainte de l'abandon, et à ce que les autres « profitent » de lui.

Pensées fréquentes et paroles

« Je suis souvent sur le qui-vive par crainte d'une attaque. »
« Je suis assez souvent dans le doute. »
« J'aime m'en tenir à la voie médiane. »
« Je trouve souvent difficile de suivre l'autorité, mais j'aime cependant que les règles soient bien définies. »
« Je pense que la plupart des gens ne sont pas assez conscients des dangers qui nous menacent. »
« Les gens vivent souvent n'importe comment et font n'importe quoi. »
« La loyauté envers les groupes auxquels j'appartiens est primordiale. »
« Avant de prendre une décision, il faut envisager toutes les hypothèses. »
« J'ai souvent l'impression de savoir ce que les autres pensent de moi, et s'ils cherchent à me manipuler, je le repère très vite. »
« On me confie assez souvent des travaux importants, et je les mène à bien. »
« La prudence est une de mes grandes qualités. »
« J'aime les situations claires. »
« J'adopte assez souvent la position de " l'avocat du diable " pour vérifier la sincérité de mon interlocuteur. »
« Je n'aime pas les beaux parleurs. »

Ce qu'on dit d'eux

« Jean-Pierre S. est un ami sûr, loyal et sur lequel j'ai toujours pu compter. Et qui plus est, j'ai toujours apprécié son humour. »

« Elle imagine toujours les pires catastrophes. »
« Il est incapable de partir en vacances en acceptant l'imprévu. »
« Madame Bervilliers est un excellent professeur. Grâce à sa gentillesse, j'ai appris à travailler correctement. »
« Émile est un excellent collaborateur. On apprécie son sens du travail bien fait. »

AT ***Les États du moi de l'AT***

EdM Parent Dominateur Critique; Adulte; Enfant Adapté Soumis (chez le phobique); Rebelle (chez le contre-phobique) (assez souvent Victime).
> Mo 1. Sois fort. 2. Sois parfait.

Célébrités du type

R. Redford, P. Beregovoy, C. Pasqua, Woody Allen (l'homme et ses rôles), François Villon (contre-phobique), Marylin Monroe, Richard Nixon. Le plombier du Watergate, qui dit avoir mangé un rat, parce qu'il en avait peur (exemple de réaction contre-phobique), le personnage de Sherlock Holmes.

Ce qui manquerait au monde sans les Six

L'attitude de prudence vis-à-vis des dangers réels de l'existence est à l'origine de qualités indispensables à l'évolution de l'humanité, le ***courage*** et la ***loyauté***.

SYNTHÈSE DU TYPE SIX

vers l'Intégration (Evolution) + aspects positifs du type indiqué par la contre-flèche : soutien, action juste	**force principale :** loyauté **vertu** : courage	⇑ ⇑
	Mécanisme de Défense : projection	
	Attention première : sur menaces, dangers réels ou imaginaires	
	compulsion : éviter la déviance, la trahison	⇓
vers la Régression +	**tendance principale :** peur	
aspects négatifs du type indiqué	**fierté :** « Je suis loyal, je fais mon devoir »	
par la flèche : tromperie	**orgueil :** « Je suis loyal »	⇓

Ordre des Centres : dépend de la personne

Ce qui importe : être prêt à toute éventualité, capable de survivre par lui-même, être reconnu pour sa droiture

Le type SEPT

La Force principale du Sept est la capacité de **Joie de Vivre,** d'optimisme

« La vie est trop courte pour la prendre au sérieux. »
G. B. Shaw

« Tout ce que tu n'aimes pas, que tu n'apprécies pas, tant pis pour toi ! »
Adrien Loos

« Trop sage pour être fou, trop fou pour être sage. »
Lucien Gerke

« Dépêchons-nous de succomber à la tentation avant qu'elle s'éloigne. »
Epicure

« Carpe diem. »
Horace

Enfance et Mécanisme de Défense

Le petit Sept a vécu assez de moments heureux dans son enfance, mais comme tout être humain, il a connu des moments de peur (être perdu, être accidenté, avoir mal physiquement), d'où sa compulsion : *éviter la souffrance et l'enfermement.*
Il était souvent un enfant attiré par les voyages et l'aventure.
Préférant habituellement la compagnie plutôt que la solitude, il recherchait souvent l'excitation au travers de tout ce qui était susceptible de lui en apporter. Très tôt, le petit Sept s'est mis à rêver de la liberté dont il jouirait quand il serait grand.

Pour s'en sortir, il s'est mis à utiliser sa raison pour se rassurer.
Son Mécanisme de Défense est : **la rationalisation**(voir annexe III).

Vanessa se dit que l'affirmation de Raymond (« Si tu continues ainsi, je n'irai pas avec toi en vacances ») n'est pas grave, qu'il changera probablement d'avis, parce que le médecin lui a conseillé de se reposer en montagne.

@ L'Attention première

Elle se porte sur ce qui lui permet de vivre des sensations plaisantes, de multiplier ses choix, de bâtir des plans, de faire des associations mentales agréables.

Quand Roland entre dans la salle de réunion, il commence par raconter une blague, dans le but de détendre l'atmosphère.

Compulsion : éviter l'enfermement (S), la souffrance (C).

Ce qui signifie que le Sept fera beaucoup pour éviter tout désagrément, et en particulier celui d'être coincé physiquement et surtout, psychologiquement.

Ordre des Centres

1. Centre Mental
2. Centre Instinctif
3. Centre Emotionnel.

Tendance principale : l'intempérance (C), la gourmandise-gloutonnerie (P)

Pour éviter la souffrance et l'enfermement, le Sept cherche à multiplier les chances de les éviter. Il se montre avide de plaisirs. C'est ce qui s'appelle l'intempérance.

Alicia n'aime pas être contrariée à propos de ses choix. Pendant cette soirée où son ami la force à choisir un lieu de vacances, elle avale une dizaine de toasts.

M Motivations principales : ETRE RECONNU pour sa joie de vivre.

Il cherche à être heureux, à s'amuser et à « avoir » de tout, et de plus en plus, afin d'échapper à l'anxiété et à la souffrance.

♥ Vie Relationnelle

Le goût très prononcé du Sept pour la diversité des activités dans lesquelles il s'engage, pour la multiplicité des intérêts qu'il entretient, influence grandement ses relations. C'est d'une grande recherche de plaisirs et de stimulations dont il est beaucoup question dans sa vie — ce qui rendra sa compagnie très agréable aux yeux de certains, ou inversement pour les sérieux, les bourreaux de travail, les grands sensibles qui auront l'impression qu'il ne peut pas prendre leur point de vue en considération.
Cette recherche du plaisir à tout prix entraîne des difficultés de relation pour deux raisons principales : le Sept n'aime pas traiter les problèmes de l'existence, et il n'aime pas s'engager.
L'intempérance se manifeste dans ses relations intimes par une tendance à la fascination; par le sacrifice à accepter des limites dans les relations de son milieu social.
Le Sept est souvent agréable avec ceux qui le « suivent ».
Face à l'opposition et à la critique, ses armes sont souvent la raillerie, la moquerie ou l'indifférence.

Face aux sentiments négatifs, il tentera la diversion : « Si on faisait autre chose ? »
Son goût des plaisirs polymorphes en fait un partenaire sexuel agréable.

Messages appréciés

Exemples de ce qu'aime le Sept : Qu'on…
— lui laisse prendre beaucoup d'initiatives (vie privée comme vie professionnelle);
— aille droit au but;
— s'intéresse à ce qu'il fait;
— lui permette de raconter des blagues.

Messages dépréciés

Exemples de ce que le Sept n'apprécie pas : Qu'on…
— lui parle sur un ton grave, ni larmoyant;
— «s'accroche à lui»;
— lui impose une activité trop répétitive.

Entente avec les autres types

• **Avec les types Un à Six :** voir ces types.
• **Avec un autre Sept :** partenariat d'insouciance.
Très complices, ils peuvent éprouver des difficultés à gérer un budget et connaître la faillite, ou les huissiers…
En couple, il faut aussi qu'ils supportent bien la liberté réciproque de chacun des deux.
• **Avec un Huit :** partenariat enflammé.
Leur haute estime de la liberté peut être à la fois gage de succès ou d'échec.
• **Avec un Neuf :** partenariat bipolaire.
L'un désire la fougue, l'autre la paix. Tournés vers les aspects positifs de la vie, ils peuvent réussir à s'enrichir de leurs différences.

☞ Prise de décision

Par définition, le Sept n'aime pas devoir prendre de décision, puisque celle qu'il prend l'engagera dans « une » seule direction, limitant ainsi l'éventail des options.

« Je n'aime pas devoir choisir, puisqu'alors je perds la possibilité même de choix ! »

✷ Vertu : la sobriété

En phase évolutive, le Sept triomphe de sa tendance principale et peut alors faire preuve de tempérance.

L'année suivante, dans un même type de soirée, Alicia accepte de prendre en charge une option particulière. Tout cela, en avalant deux ou trois toasts.

Mot clé : **imprévu**

Chaque fois qu'une décision est prise, l'imprévu ne devient plus possible. Or, c'est l'imprévu que risque d'offrir au Sept les sensations excitantes auquel il tient tant.

Régressif : le singe; évolutif : le papillon.

Description succincte du Sept

Le Sept élevé

En phase d'intégration, le Sept apprécie et goûte les joies de la vie. Il se montre souvent joyeux, attentionné et amusant. Et, chaque fois qu'il le peut, il pratique l'extase. Enthousiaste et vif, il agit avec responsabilité sachant mener les choses à bien. Il développe aussi, fréquemment, de multiples talents.
Il assimile les qualités du Cinq.

Le Sept moyen

Profiteur, s'amusant constamment de nouvelles expériences et découvertes. Fonceur, hyperactif (souvent dans trop de domaines à la fois), c'est un extraverti, souvent dilettante. S'exerce aux plaisirs, et notamment à ceux de l'esprit (notamment à faire des plans...). Éprouve des difficultés à faire des choix parce qu'il considère important de conserver une multitude d'options. Fait montre d'une très bonne capacité à créer des contacts. Charme et désarme — souvent narcissique. Se fâche, si on doute de lui. Attaché aux choses matérielles, il tente d'en posséder le plus possible, jusqu'à l'excès. Il cherche à conserver son énergie. (Pour lui, il peut quitter la fête, alors qu'elle bat son plein.) Pratique quelquefois la procrastination. Se préoccupe de lui, avant tout. Peut même se tromper lui-même, afin de conserver la bonne opinion qu'il a de lui-même. Remplace ce qui est pénible par des stratégies de rechange : conversations, planification, imagination.

Il surprend par ce que les autres appellent son narcissisme et son audace à demander.

Le Sept, vers la régression

En phase régressive, le Sept devient compétitif et agressif lorsque les autres convoitent les mêmes choses que lui. Il peut alors faire preuve d'impulsivité, se montrer enfantin et même odieux, et ne sachant pas quand s'arrêter. Il peut aussi devenir incontrôlé et excessif, dans tous les domaines (glouton, vicieux).

Il assimile les aspects négatifs du Un (flèche).

Le Sept, vers la pathologie

Drogué, maniaco-dépressif.

DSM III : narcissique.

Difficultés majeures

Ne pas disposer d'assez de temps pour faire tout ce qu'il a envie de faire.
Se juge négativement parce qu'il ne finit pas forcément ce qu'il a entamé.
Se sent assez souvent « à l'étroit » dans une relation.
Éprouve des difficultés à écouter les autres avec patience : tout comme de raconter les choses sans exagération.
Éprouve de grandes difficultés à devoir renoncer à une multitude d'options (dans la vie personnelle, comme dans la vie professionnelle).

Pensées fréquentes et paroles

« Il n'existe pas tellement de choses que l'on ne puisse transformer en plaisir. »
« La vie est pleine de saveurs, qu'il importe d'apprécier. »
« Je garde des souvenirs heureux de mon enfance. »
« Quand les gens cherchent à m'ennuyer, je réfléchis à ce qui les pousse à agir ainsi, et quand j'ai trouvé, cela me rassure. »
« J'aime m'amuser chaque fois que cela est possible. »
« Je suis capable de bien aider les autres. »
« Je suis assez souvent à l'aise dans un groupe, mais certaines de mes spontanéités me valent parfois des retours de bâton. »
« J'aime considérer la portée cosmique et universelle de choses. »
« Les bonnes choses sont souvent de bonnes consolations face aux obstacles de la vie. »
« Je cherche moins à être expert dans un domaine qu'à connaître plusieurs expériences. »
« C'est très important pour moi de pouvoir choisir sans me décider trop rapidement. »

« Je supporte mal la routine. »
« J'aime la plaisanterie, la rigolade. »
« J'aime beaucoup partir à l'aventure. »

Ce qu'on dit d'eux

« Lucien G. est un grand épicurien, capable de jouir de tout et de rien. Ç'aura été une grande chance et une grande joie d'avoir été de ses amis. »
« J'aime ce qu'il raconte. »
« Roland T. est un excellent manager, qui sait créer une bonne ambiance autour de lui. »
« Elle est moins soupçonneuse que beaucoup de gens. »
« Ce qui est 'bon', il n'y en a jamais assez pour lui. »
« Laure met toujours de la bonne humeur dans une réunion d'amis. »
« Antoine est un excellent collaborateur. »
« Il commence souvent plusieurs choses à la fois, sans forcément les mener à terme. »
« C'est une grande charmeuse. »

AT *Les États du moi de l'AT*

EdM Parent Protecteur (surtout pour lui-même); Adulte; Enfant Libre.
> Mo 1. Fais (-moi) plaisir. 2. Sois fort.

Célébrités du type

Louis Armstrong, Michel Galabru, Arthur Rubinstein, Peter Ustinov, John Belushi, Peter Pan, Groucho Marx, Rajneesh, P. Perret.
Personnage : le professeur du « Cercle des Poètes disparus ».

⊙ *Ce qui manquerait au monde sans les Sept*

Les Sept donnent au monde des qualités essentielles à sa survie et à l'entretien de ses espérances, la ***joie de vivre*** et l'***optimisme.***

SYNTHÈSE DU TYPE SEPT

vers l'Intégration
(Évolution)
+
aspects positifs du type
indiqué par la contre-flèche :
connaissance, détachement

force principale : ⇑
joie de vivre, optimisme ⇑

vertu : sobriété

Mécanisme de Défense :
rationalisation

Attention première :
occasions de sensations agréables (mentales et physiques)

compulsion :
éviter la souffrance,
l'enfermement ⇓

vers la Régression
+

aspects négatifs
du type indiqué

par la flèche : colère

tendance principale :
intempérance, gourmandise

fierté : « Je suis optimiste,
je suis heureux »

orgueil : « Je suis
agréable » ⇓

Ordre des Centres :

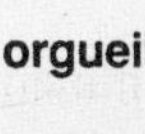

Ce qui importe : avoir du choix, être reconnu pour sa joie de vivre

Documents divers

A propos de l'Ennéagramme de Jésus

Jésus, « prototype » de l'homme accompli (l'expression est du père Biondi), est l'être complet par excellence. Il semble déjà exister au moins deux études sur le lien entre l'Ennéagramme et les Évangiles. Vous ne trouverez évidemment ici qu'une recension d'un travail plus complet. Je l'ai faite parce que le travail de Maria Beesing, Robert Nogosek et Patrick O'Leary[1] présente, notamment, l'intérêt de souligner en quoi Jésus évite le « piège » lié à chaque vertu, à chaque force.

Un

C'est bien évidemment *« l'idéalisme »* (réaliste) de Jésus qui correspond aux vertus et talents du type Un.

C'est *« leur trop grande insistance sur la perfection »* qui rend souvent les Un trop exigeants, trop intolérants.

Le réalisme de Jésus, c'est *« d'accepter les gens tels qu'ils sont »* et, cependant, leur proposer un idéal d'amour.

Deux

C'est tout aussi évidemment l'importance de *« l'amour »* qui correspond aux vertus et à la force du type Deux.

Mais chez le Deux, il s'agit avant tout de gagner l'amour des autres, alors que Jésus fait démonstration du don d'amour sans nécessairement en attendre en retour.

Pour lui, *« chacun est digne d'amour pour ce qu'il est, et non pour ce qu'il fait »*.

---

1. Voir Bibliographie.

Trois

Ce qui correspond incontestablement aux vertu et force du Trois, c'est que *« Jésus travaille pour réussir »* son œuvre.

Mais le Trois doit découvrir qu'il travaille d'abord pour être accepté par les autres. C'est là que Jésus s'en distingue et accepte aussi le risque de l'échec — puisque *« sa mort a montré son refus de sacrifier ses valeurs à son désir de voir son œuvre acceptée à n'importe quel prix par les autres ».*

Quatre

C'est évidemment la *« grande sensibilité »* qui, chez Jésus, correspond au sens de l'équanimité qui est la vertu du Quatre.

Mais bien qu'accablé de peines, jamais il ne s'apitoie sur lui-même, cette grande tentation de mélancolie qui habite le Quatre.

Cinq

Jésus vit un rapport très sain avec la connaissance et la réflexion. Celui-ci débouche sur la sagesse. Une sagesse dégagée du piège de l'abstraction et de l'avarice de ses connaissances, si fréquent chez le Cinq.

« Il n'a rien du penseur lointain et suffisant. C'est *un penseur qui se soucie des autres. »*

Six

Le comportement de Jésus, face aux hommes de loi, dénonce le piège du Six, à savoir *« l'auto-justification »* d'hommes qui croient la sécurité de bénédiction de Dieu garantie par leur allégeance aux textes de loi, sans *« action tournée vers l'amour et les risques inhérents à ce sentiment supérieur ».*

Sept

Jésus est un homme optimiste que *« ses adversaires accusent d'aimer le bon vin, d'aimer passer un bon moment avec ses amis à l'opposé du prophète ascète ».*

Jésus démontre aussi *« qu'il ne s'agit pas de chercher à éviter la souffrance à tout prix »* mais que sa souffrance acceptée est *« une manière de donner aux autres »*.

Huit

Jésus est un *« homme fort qui ne craint pas d'affronter les vendeurs du temple, comme les pharisiens, mais il reste vulnérable »*, évitant ainsi le piège de la prétention que découvre tout homme fort.

Et quel courage chez l'homme qui accepte la mise à mort par fidélité à sa foi…

Neuf

Enfin y a-t-il homme plus patient et conciliant que le fils du charpentier de Nazareth ?

Mais cette patience n'est en rien de l'indolence, qui est le piège menaçant le Neuf en voie d'évolution. Jésus définit la mission divine du Neuf *« en donnant à découvrir que rien n'est plus important que la communion des hommes »*.

Des appellations délicates

J'ai choisi de me ranger du côté de ceux qui adoptent une attitude prudente vis-à-vis des « noms » communs choisis par certains auteurs pour dénommer les types. C'est l'attitude de l'Institut de l'Ennéagramme de France* qui privilégie la définition chiffrée aux appellations nominatives, qui risquent trop d'influencer nos perceptions de chaque type.

En effet, l'emploi de mots comme *« meneur »*, *« gagnant »* ou *« solitaire »* sont opposés à la découverte vierge *(sans préjugés)* des types.

---

* Voir Adresses utiles.

D'autre part, ces noms ont une connotation très « fin de XXe siècle » fort affirmée, ce qui les rend difficilement compatibles avec des personnages historiques antérieurs...
Néanmoins, pour votre information, voici les dénominations d'auteurs qui ont fait un autre choix.

Le Un

Helen Palmer, R. Baron-E. Wagele	Le Perfectionniste
L'Enneagram Institute of New-York	Le Réformiste
R. Riso	Le Réformiste
Hurley-Dobson	L'Aboutisseur
Rika Zaraï	Le Perfectionniste

Le Deux

Helen Palmer, R. Baron-E. Wagele	L'Altruiste
L'Enneagram Institute of New-York	L'Aidant
R. Riso	Le Sauveur
Hurley-Dobson	Le Sauveur
Rika Zaraï	L'Affectif

Le Trois

Helen Palmer, R. Baron-E. Wagele	Le Battant
L'Enneagram Institute of New-York	Le Battant
R. Riso	Le Chercheur de statut
Hurley-Dobson	Le Réussissant
Rika Zaraï	Le Gagnant

Le Quatre

Helen Palmer, R. Baron-E. Wagele	Le Tragico-romantique
L'Enneagram Institute of New-York	Le Créatif
R. Riso	L'Artiste
Hurley-Dobson	L'Individualiste
Rika Zaraï	Le Romantique

Le Cinq

Helen Palmer, R. Baron-E. Wagele	L'Observateur
L'Enneagram Institute of New-York	Le Penseur
R. Riso	Le Penseur
Hurley-Dobson	L'Observateur
Rika Zaraï	Le Solitaire

Le Six

Helen Palmer, R. Baron-E. Wagele	Le Loyaliste
L'Enneagram Institute of New-York	Le Loyaliste
R. Riso	Le Loyaliste
Hurley-Dobson	Le Garde
Rika Zara.	L'Anxieux

Le Sept

Helen Palmer, R. Baron-E. Wagele	L'Epicurien
L'Enneagram Institute of New-York	Le Curieux
R. Riso	Le Généraliste
Hurley-Dobson	Le Rêveur
Rika Zaraï.	Le Spontané

Le Huit

Helen Palmer, R. Baron-E. Wagele	Le Chef
L'Enneagram Institute of New-York	Le Leader
R. Riso	Le Leader
Hurley-Dobson	Le Confrontatif
Rika Zaraï	Le Meneur

Le Neuf

Helen Palmer, R. Baron-E. Wagele	Le Médiateur
L'Enneagram Institute of New-York	Le Médiateur
R Riso	Le Pacificateur
Hurley-Dobson	Le Préservant
Rika Zaraï	Le Conciliant

La répartition des neuf types

Le manque d'études sur l'Ennéagramme, dans l'ensemble des pays occidentaux, ne permet de disposer, pour le moment, que d'une étude faite en Allemagne en 1991, par Marcus Becker.
Pour les autres pays, ils ne présentent qu'une valeur indicative.

RÉPARTITION STATISTIQUE DES 9 TYPES DE L'ENNÉAGRAMME

Marcus Becker a fait, en Allemagne en 1991, une étude statistique sur la répartition de la population dans les différents types; il est arrivé aux résultats suivants qui, même s'ils ne sont pas transposables à un autre pays ou à une autre époque, sont intéressants :

Répartition des types
(Allemagne, 1991, Markus Becker)

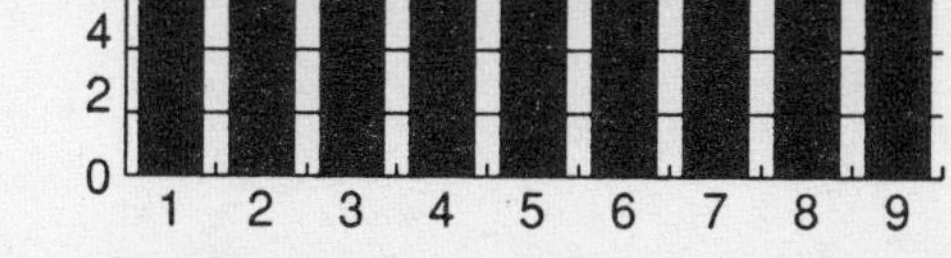

© Copyright Institut Français de l'Ennéagramme®, Paris, 1993.

Partie V

Applications

Du bon usage de l'Ennéagramme

Je pense avoir déjà insisté sur le danger de faire de l'Ennéagramme une panoplie servant à « juger » ses contemporains.

« Séverin est un Six, et Jacqueline une Deux.
Je pense qu'en tant que Cinq, il me sera difficile de m'entendre avec eux. »

Il faut le dire — et le répéter : **pour soi-même !**

L'Ennéagramme est, avant tout, un outil de connaissance de soi et de développement personnel.

Et, **vis-à-vis des autres :**

un important outil de compassion.

Un bon moyen de faciliter la prise de conscience de son type peut consister à appliquer le programme que voici.

1

Votre lecture vous a, peut-être, déjà donné une idée sur le type auquel vous appartenez.
Si c'est le cas, vous pouvez peut-être chercher maintenant à définir la (ou les ailes) de votre personnalité, par une relecture des descriptions des deux types voisins du vôtre. (Attention ! Rappelez-vous que beaucoup de gens n'ont qu'une aile, tout au long de leur vie, et que celle-ci s'est en général fixée entre 18 et 40 ans !)

Si ce n'est pas le cas...
Ne vous affolez pas: vous êtes simplement, comme la majorité des gens, moins habitué à faire de l'auto-observation.
Certaines personnes éprouvent une difficulté à reconnaître leur type.
C'est pourquoi il importe de bien considérer l'ensemble des éléments qui le définissent: l'attention première, la compulsion, la tendance principale, le mécanisme de défense, la vertu et la force principale, le type de régression, le type d'intégration, l'aile ou les ailes.
Dans ce cas, je vous invite à faire travailler votre imagination (nous en avons tous, bien sûr!) et procéder comme suit:

Soyez chouchou avec vous-même ! Donnez-vous du temps !

• Choisissez un moment et un endroit où vous pourriez faire ce que les Américains appellent un *« Meeting with myself »* (« Rendez-vous avec moi-même ») et, là, pensez à ce qu'il faudrait donner comme instructions générales et comme instructions fines à des scientifiques qui seraient chargés de programmer un clone de votre personne.

• Vers quoi faudrait-il orienter son énergie ?

• Comment faudrait-il organiser ses programmes: « Ce qui est le plus important », «Ce qu'il faut à tout prix éviter», «A quoi faut-il absolument être très attentif? »

Sachez que certains professionnels de l'Ennéagramme ont mis près d'un an à être « sûrs » d'appartenir à leur type!

Écoutez la façon dont les gens se décrivent, voyez ce en quoi vous êtes différents !
A de bons amis — mais de bons amis uniquement ! —, osez demander ce qui vous caractérise le plus !
Expliquez-leur que chacun a une « compulsion » (quelque chose qu'on ne peut s'empêcher de faire) et demandez-leur ce qu'est cette « chose » à leurs yeux, chez vous !
Offrez-leur ce livre, et convenez ensemble de consacrer du temps à en discuter.

Pensez aussi à des gens qui ne vous ressemblent pas, et demandez-vous en quoi, précisément, ils ne vous ressemblent pas : « Que fait-il que moi, je ne ferais jamais, rarement ou pas du tout ? »
Si la difficulté à trouver votre type persiste, procédez par élimination : quels sont les types auxquels vous n'appartenez pas ?
Vous pouvez ainsi réduire progressivement le champ des possibles.
Perfectionnez votre capacité d'observation, utilisez abondamment le cinéma ou les feuilletons TV comme moyens d'affiner vos qualités d'observation.

Attention ! Observer ne veut pas dire **juger !**
Plus vous parviendrez à observer ceux que vous rencontrez, comme un savant observe des insectes évoluer dans un bocal, plus vous vous dégagerez des milliers de préjugés, d'opinions réductrices que vous avez sur vous-même, et sur les autres.
Assez curieusement, cela présente encore un aspect très positif : cela modifie votre manière de communiquer que votre entourage appréciera sûrement. (Pensez donc ! Les psychologues ont repéré que 75 % de ce que s'échangent les humains, sont des jugements !)

Sachez encore combattre ces pièges qui nous menacent tous :

• Croire qu'on a trouvé son type, parce qu'on a trouvé « une » caractéristique importante. (Parfois, cela suffit, parfois, non.)

Par exemple, ce n'est pas parce qu'on lit dans les caractéristiques de la Vie Relationnelle d'un Neuf qu'il s'occupe souvent de la comptabilité du ménage, qu'il faut en déduire que vous êtes un Neuf, parce que vous aussi, vous le faites. Ce qui compte davantage pour le Neuf, c'est de comprendre que ce genre d'activité a une fonction : éviter l'engagement profond, par crainte de le voir entraîner un conflit.
Ce n'est pas parce que vous lisez dans les caractéristiques de la Vie Relationnelle du Un qu'il cherche à « avoir raison », et qu'il vous arrive, à vous — comme à tout le monde — d'éprouver ce type de sensation, que vous êtes forcément un Un.

• Croire qu'il faut absolument la présence des vingt points décrits dans chaque fiche descriptive d'un type.
Certains types présentent plusieurs points communs (c'est là qu'il faut se rappeler que notre type est dû à des caractéristiques qui dominent nettement dans notre personnalité).

• Enfin, n'oubliez pas de tenir compte de l'*ascenseur* (p. 65).
Essayez de prendre en considération l'ensemble de votre vie, et pas seulement la période actuelle.
Vous tirerez également un grand profit de la participation à un groupe de formation à l'Ennéagramme, donné par un praticien scrupuleux.

• Enfin, ne perdez pas de vue que vous utilisez, sans doute à fort bon escient, les « systèmes de résolution de problèmes avec les autres » que sont votre compulsion et votre tendance principale — et qu'il ne s'agit pas de chercher absolument à les abandonner ! (Voir plus loin.)

2

Lisez maintenant le chapitre consacré à l'Évolution.

Évolution personnelle

« Tu n'es ni l'enfant que tu as été, ni le vieillard que tu deviendras. »
Nagasema

*« Connais-toi toi-même
et tu connaîtras l'univers et les dieux. »*
Socrate

Évolution « habituelle » et évolution choisie

Rappelons-nous : pour G. I. Gurdjieff — l'une des figures dominantes, parmi les inspirateurs de l'Ennéagramme —, *« l'homme accompli n'existe pas »*. Il disait encore : *« Pour être chrétien, musulman ou bouddhiste, il faut* [d'abord] *être. Être, c'est être maître de soi. Si un homme n'est pas son propre maître, il n'a rien et ne peut rien avoir. »*
Être son propre maître, c'est *s'appartenir,* c'est *vivre.* Vivre — on pourrait dire : rester vivant — c'est évoluer. Aucun être humain n'y échappe.

Pourquoi parler d'y « échapper » ?
Parce que je crois qu'il est important de prendre conscience que nous sommes tous des évoluants.
Êtes-vous le même aujourd'hui qu'il y a 30 ans ? 10 ans, 5 ans, un an, trois mois, trois jours ?
Sûrement pas. Vous n'êtes même pas le même — aujourd'hui — entre le moment où vous avez repris votre lecture et le moment précis où vous lisez ces lignes. (Du moins, en tant qu'auteur, je l'espère !)
Mais, ces évolutions ont-elles été voulues par vous-même, sont-elles les résultats d'un véritable choix ?
Attention à votre réponse ! La conception que vous avez de votre liberté en dépend !
Mais, qu'importe.
Vous avez compris qu'il est des êtres qui se laissent porter par les événements (c'est l'***« évolution habituelle »***) et d'autres qui choisissent leurs façons et leurs voies d'évolution (c'est l'***« évolution choisie »***).
Même si ceci est nouveau pour vous, et que vous venez de prendre conscience de votre désir d'appartenir à la deuxième catégorie, bienvenue dans le camp des humains « évolués ».
Car, de toutes façons, **je ne connais pas d'homme qui choisisse volontairement de régresser !!!**

Voyons maintenant ce que l'Ennéagramme nous enseigne, en tant que méthode d'évolution personnelle.

Pour chaque type, il est permis de dire que la progression, l'évolution personnelle correspond au dégagement de l'emprise fondamentale de sa compulsion et de sa tendance principale. Plus un individu se « ferme » (régression), moins il a de choix.
La compulsion peut être comparée à un « piège » dans lequel nous tombons aisément et qui est une en-

trave à notre évolution. *« Plus facile à dire qu'à faire ! »* rétorque Claude Toulmonde.
Ma réponse est : *« Vous avez mille fois raison ! Monsieur Toulmonde ! »*, mais je pense qu'Alexandre Loewen a tout autant raison que M. Toulmonde, quand il affirme que :

Le bonheur, c'est de se sentir évoluer.

Si cet objectif — ce but — vous intéresse — et le contraire m'étonnerait, si vous avez poursuivi votre lecture jusqu'ici —, sachez que les formateurs à l'Ennéagramme vous invitent à appliquer le programme suivant.

Sachez d'abord qu'on ne LUTTE pas contre sa compulsion, et qu'il s'agit d'agir avec plus de souplesse. (Lutter contre peut souvent avoir un effet de renforcement.)

Premier Pas — S'observer
Il n'est pas évident d'avoir conscience de tout ce qui se passe d'important pour nous. Heureusement pour nous que nous n'avons pas tout à fait conscience de la façon dont nous faisons avancer une jambe puis l'autre pour marcher, sans quoi, nous risquerions souvent de nous retrouver par terre.
Dans son développement vers l'intelligence, l'homme a tenté de rendre beaucoup de choses aussi « automatiques » que la façon de marcher, c'est-à-dire inconscientes. C'est l'avantage de ce qui est inconscient. L'ennui, c'est qu'il a souvent fait de même avec ses pensées et ses sentiments. Et là, il ne sort plus aussi gagnant de l'opération.
Gurdjieff parlait de l'intérêt d'activer une potentialité que tous n'utilisent pas toujours à bon escient.

Il encourageait ses « élèves » à cultiver ce qu'il appelait l'***observateur intérieur*** à se montrer attentif aux pensées qui traversaient leurs esprits, à leur façon de réagir sur le plan émotionnel.

Même si vous n'y arrivez pas du premier coup, une bonne manière de procéder consiste à faire défiler le film de votre journée, dans un endroit discret et confortable.

Deuxième Pas — Comprendre

En procédant de la sorte, tachez de redécouvrir les milliers de « mini-décisions » que vous prenez au cours d'une journée (choix d'itinéraire, choses et personnes évitées, façons dont on aborde telle personne, puis telle autre).

Demandez-vous si chaque action est un choix vraiment libre ou s'il est influencé par votre compulsion.

Faites ensuite la même chose en considérant les grandes étapes de votre vie (choix d'études, partenaires, métier et passe-temps, etc.).

Troisième Étape — Acceptation

Il est important d'accepter sereinement de comprendre combien notre compulsion nous a dirigés jusqu'à présent.

Évoluer, c'est se libérer des emprisonnements qui nous ont accompagnés jusqu'à aujourd'hui.

Quatrième Étape — Changement

Quand les trois premières étapes ont été franchies, il devient alors possible d'interrompre la dépendance vis-à-vis de notre compulsion au moment même où elle se produit, en étant toutefois attentif à ce que cet arrêt brusque ne comprenne vraiment aucun danger, ni pour soi, ni pour les autres.

Dans un premier temps, l'arrêt seul est important. Vous réfléchirez, à vos moments perdus, aux différentes options que vous auriez pu prendre.

Veillez ensuite à développer votre deuxième Centre en vous rappelant qu'il n'est pas inexistant, mais tout simplement plus ou moins « endormi ».
Essayez ensuite de développer assez systématiquement votre vertu, en pratiquant celle de votre type d'intégration-évolution, c'est-à-dire celle que vous pratiquez déjà assez souvent, quand les choses vont bien pour vous selon les « contre-flèches » (voir p. 88). Pour l'efficacité de cet apprentissage, la discrétion est grandement souhaitée. Avoir la victoire d'évolution réservée à vous-même sera d'un beaucoup plus grand profit que si vous vous répandez en confessions multiples.

Cinquième Étape — Transcender

Ce n'est qu'une fois ces étapes franchies qu'une personne dépasse sa « fausse personnalité » et peut commencer à atteindre son niveau transpersonnel (d'après F. & P. Chabreuil[1]).
Enfin, prenons en considération que :

> **L'Evolution personnelle correspond à réduire « l'espace » entre nos trois Centres, à ré-explorer et à ré-intégrer les neuf forces qui co-habitent en nous.**
> **Et enfin, à accroître notre compassion.**

« Il s'agit de donner les intérêts,
et non le capital, la musique et non le violon. »
O. M. Aïvanhov

Plus un individu s'ouvre aux autres et au monde, plus il dispose de la force de ses neuf bases.
C'est, d'une certaine façon, transformer le « plomb » en « or » de l'ancienne alchimie.

1. Voir Bibliographie.

Plus un individu parvient à savoir où il en est (compulsion, passion ou vertu), plus il devient sensible à ses forces endormies, plus il devient capable d'une vraie compréhension (ressentie et pas seulement pensée ou volontariste), d'une vraie compassion à l'égard d'autrui.

« Lorsque votre peur rencontre la souffrance de l'autre, elle devient pitié; lorsque c'est votre amour qui rencontre la souffrance de l'autre, il devient compassion. »
Stephen Levine

Repères

Comme décrit dans la première partie, un individu commence par être une *essence*. Et c'est en réagissant aux premières interactions avec son environnement (qui peut, rappelons-le, l'accueillir avec plus ou moins d'amour et plus ou moins d'hostilité) que va se créer sa « personnalité » qu'il construira d'après ses premiers Mécanismes de Défense et sa compulsion, fixant ainsi son type de base.
Celui-ci sera élaboré progressivement, jusque vers la fin de l'adolescence (environ 18 ans). C'est à partir de cet âge que chacun va développer une *aile*. Le sens de cette aile va dépendre de la personnalité du sujet. A partir de 40 ans, il est possible (mais pas obligatoire) qu'une personne développe une seconde aile.

« C'est beau, la variété humaine ! »
R. de Lassus

A propos de développement spirituel

> *« Notre seule véritable liberté consiste à découvrir et à dégager la réalité spirituelle qui est en nous. »*
> Sri Aurobindo

Le développement spirituel que permet — entre autres — l'Ennéagramme concerne l'évolution de *l'endormi* passionné et compulsif — dans sa personne — au *vigilant*, au vivifiant, au co-créateur accompli — dans son essence. Laquelle compte trois Centres supérieurs : un Centre Mental supérieur, un Centre Emotif supérieur et un Centre Intuitif supérieur.
Les rapports entre l'Ennéagramme et le développement spirituel de chacun débordent le cadre de ce livre.

De leur côté, M. Beesing, R. Nogosek et P. O' Leary attirent encore notre attention sur le fait qu'il existe pour chaque type un *piège* dans son évolution. C'est celui qui nous fait croire, en découvrant notre force principale, *« qu'on est arrivé »* au niveau transpersonnel.
Il importe de « reconsidérer » l'idée que l'on se fait de l'application de notre force principale, et de mesurer si l'on agit avec un sens élevé de la responsabilité — si cela correspond avec le sens spirituel de l'exercice d'une force principale — pour soi-même et vis-à-vis des autres.
Le sens de cette évolution est précisé par les indications suivantes (et correspond à l'évolution de la compulsion vers la qualité spirituelle) pour chaque type :

1 : de la colère à la sérénité **2** : de l'orgueil à l'altruisme **3** : de la vanité à l'authenticité **4** : de l'envie à l'équanimité **5** : de l'avarice au détachement **6** : de la peur au courage **7** : de l'intempérance à la sobriété **8** : de la luxure à l'innocence **9** : de la paresse à la diligence

J'invite ceux qui s'intéressent à cet aspect à se reporter à l'ouvrage de ces auteurs[1].

A propos des psychologies

Certains commentateurs de la vie des inspirateurs de l'Ennéagramme considèrent que la psychologie classique, et sans doute également les psychologies dites nouvelles, sont peu susceptibles d'offrir aux humains des moyens d'épanouir leur véritable être.

Qu'il me soit permis de m'opposer ici à cette opinion.

Que déclare la psychanalyse, si ce n'est qu'il faut nous débarrasser des scories négatives, contractées dans l'enfance, et qui nous font agir sans la conscience claire de leurs implications sur notre vie actuelle ?

Et ceci n'est pas réellement mis en contradiction par le fait que Freud se soit déclaré athée et très anticlérical.

C'était une sagesse que de l'avoir été en son temps, à une époque où il percevait avec beaucoup d'acuité non seu-

1. Voir Bibliographie.

lement le caractère *non libérateur,* mais franchement *écrasant* des dogmes et structures des églises.

Que propose l'Analyse Transactionnelle, si ce n'est de nous libérer de notre « scénario de vie », écrit par d'autres (généralement, nos éducateurs) ?
Que propose la Programmation Neuro-Linguistique, si ce n'est d'élargir, d'une manière très vaste, la gamme des « programmes » qui nous servent à vivre, à atteindre nos objectifs, à nous développer ?
Certes, ce sont là des moyens, non des fins en soi.
Des moyens pour « libérer » notre Être profond.

Par contre, si certains auteurs établissent des ponts « francs » entre la PNL et l'Ennéagramme, je ne me rallie pas à ce mouvement qui les construit, surtout sur l'existence des « méta-programmes » dont John Grinder — l'un des fondateurs de la PNL, avec Richard Bandler — dénie l'intérêt réel.
Par contre, je me rallie franchement à l'opinion de Fabien Chabreuil qui, constatant l'aspect « circonstanciel » de ces méta-programmes (c'est-à-dire qu'ils varient selon les circonstances), les considère comme peu compatibles avec l'Ennéagramme.

Ennéagramme et Psychologie Transpersonnelle

L'Ennéagramme, c'est encore beaucoup plus qu'un outil de connaissance de soi et des autres.
C'est, comme le dit la néo-pionnière de ce qui est appelé « le courant de transmission orale de l'Ennéagramme », Helen Palmer, *« un des très rares enseignements*

qui relient le domaine unique et intime de la personnalité aux aspects particuliers de la conscience universelle ». Elle poursuit en précisant que la méthode *« a le pouvoir de faire la liaison entre le type de personnalité et les aspects supérieurs de l'essence de l'être*[1]. »

Les qualités spirituelles sont bien plus que les talents, les qualités créatives, ou la finesse d'esprit et la générosité dont les personnes psychologiquement évoluées font preuve.

Comme le précise encore H. Palmer, ce type de capacités *« supérieures se manifeste lorsque la prise de conscience dépasse les limites de la pensée et du sentiment. Elles ne peuvent pas être comprises par l'analyse parce qu'elles ne sont pas du même ordre de compréhension que les caractéristiques psychologiques »*.

Notons encore que les trois types du triangle central de l'Ennéagramme correspondent aux trois types de l'Abhindhamma, le recueil de psychologie bouddhique, consacré aux liens entre la personnalité et la vie spirituelle.

La Psychologie Transpersonnelle

Après Freud, Jung, Reich, il y a eu C. Rodgers et Maslow, comme bâtisseurs d'une psychologie ne prenant plus comme fondement de la compréhension, les dérives mentales, mais proposant une démarche basée sur l'étude de l'être humain accomplissant ses potentialités.

---

1. Voir Bibliographie.

C'est le même A. Maslow qui plaçait, dès les années cinquante, les besoins d'auto-réalisation au sommet de sa désormais célèbre Pyramide des Besoins humains[1].
Vers la fin de sa vie, Maslow s'est intéressé aux « états modifiés de conscience ». Et ce fut là, la base première de la Psychologie Transpersonnelle (transpersonnelle signifiant « au-delà du Moi »). Aux apports premiers se sont rapidement ajoutés ceux de personnalités comme R. Assagioli, S. Grof, F. Capra, G. Bateson, O. Rank, ainsi que ceux provenant de l'intégration du bouddhisme et de l'hindouisme, conférant au mouvement une réalité holistique. L'objet de la Psychologie Transpersonnelle concerne, notamment, les « modalités » d'accès aux états de conscience situés au-delà du « Moi ». Il se distingue de la psychothérapie « devenue classique » dont le but est de faciliter l'intégration des être humains à la vie sociale.
Son objet concerne l'intégration de l'être humain à la vie spirituelle.

A propos de la communication avec les autres

On dit de l'Ennéagramme qu'il est aussi outil d'amélioration des communications.
Bien qu'il existe déjà des ouvrages présentant les manières de mieux réussir la communication avec chaque type, il est déjà très intéressant d'apprendre à connaître

1. Pour la Pyramide des Besoins, de A. Maslow, voir *A la Découverte de Soi* — Voir Bibliographie de l'auteur.

les différences entre les autres types et le sien. Comme la plupart des méthodes sérieuses qui permettent d'approfondir la connaissance de soi et des autres, l'Ennéagramme permet de :

Réaliser l'Altérité de l'Autre.
Combien il est différent de soi.

Je suis porté à croire qu'il s'agit d'une exploration qui ne connaît pas de terme.
Et je trouve cela magnifique et merveilleux.
Moi-même et les autres sont des univers infinis, dont je ne connaîtrai sans doute jamais les bornes.

« Chacun des neuf types voit le monde de façon très différente et, en se coulant dans la perception que les autres ont d'eux-mêmes, on peut passer de son point de vue personnel à une véritable compréhension de ce que sont réellement les gens, au lieu de rester aux idées que l'on a sur eux. »
H. Palmer[1]

Cette forme positive de communication avec les autres est un préalable à la relation vraie de solidarité, de collaboration et d'amour.
Nourrie de compassion*, elle permet une évolution importante dans nos manières de communiquer, par rapport à la relation de tension, de conflit, d'opposition aux autres; cette dernière étant, quand à elle, nourrie par nos peurs archaïques.
Et comme le précise encore le Code d'Éthique de l'IEA (voir p. 259), ***« l'Ennéagramme est un important outil de compassion »***.

---

* Voir la différence entre compassion et pitié, page 219.
1. Voir Bibliographie.

Ce qui n'a pas été abordé dans ce livre de sensibilisation

« Personne ne peut se dire Chrétien,
s'il n'accomplit dans sa vie les préceptes du Christ.
Un homme peut dire qu'il désire *être chrétien. »*
G. I. Gurdjieff

Cet ouvrage est un ouvrage d'initiation qui décrit ce qui me semble l'essentiel en la matière : définition, origines, situation, description fondamentale des fonctionnements du modèle, et aperçu de la variété des neuf types. Il n'aborde que superficiellement deux aspects importants pour chacun :

• Les relations avec les autres (personnelles et professionnelles) dans la rubrique « Vie Relationnelle » de chaque type.
J'ose toutefois espérer que la lecture de ce livre vous permettra de mieux comprendre pourquoi il nous arrive à tous de ressentir « les autres » comme des extraterrestres.

• De même, ce qui y est décrit en matière de développement personnel et spirituel est réduit aux strictes ambitions de cet ouvrage de sensibilisation.

A propos de quelques critiques

La plupart des critiques émises à propos de l'Ennéagramme sont viscérales.

« C'est quelque chose qui juge les gens pour les mettre dans neuf cases », « C'est un truc qui vient du monde ésotérique, religieux. »

Et on croit avoir tout dit.

Regard critique de l'auteur

Je me suis toujours méfié des typologies humaines — même si j'ai moi-même tenté d'en proposer une dans *Oser être soi-même* (MS 3603).

Non pas que je les trouve absolument erronées, mais plutôt parce que, pressentant la justesse de l'Ennéagramme, j'étais — une conviction qui m'habite toujours — assez convaincu qu'une époque viendrait où il y aurait autant de typologies qu'il y a d'habitants sur Terre. (Une réalité qui est certainement moins fictive qu'il n'y paraît de prime abord.)

Vous avez dit « ésotérique » ?

Certains frémissent en apprenant que l'Ennéagramme pourrait avoir appartenu à un courant dit « ésotérique », et en entendant ce mot, ils sortent, non pas leur revolver, mais leur mépris.

Ils oublient un peu trop vite que le mot signifie : *« savoir transmis de manière secrète à des " élus " »* et n'ont pas poussé leurs investigations bien loin, sans quoi ils auraient appris que les protagonistes de l'Ennéagramme du XXe siècle ont définitivement rompu avec la volonté d'enseignement secret, laquelle se justifiait sans doute, par le passé. Mon point de vue est qu'il y a trop souvent **amalgame** entre les phénomènes que les scientifiques ont, à mon avis, bien raison d'appeler paranormaux (Mme Irma, numérologie, voyante extra-lucide et Monsieur Motubu, Grand Mage haïtien, voyages régressifs dans les vies antérieures), les sectes bâties sur le désarroi d'une population psychologiquement fragile (Ordre du Temple Solaire, Scientologie, etc.), et des personnalités de haute inspiration qui n'ont, à leur époque, pas investi en protections contre l'éventualité de ces amalgames. (Je suis surpris de voir le très sérieux *Actualité Religieuse* classer dans un Dictionnaire de l'Ésotérisme, Maître Eeckaert, Hildegarde von Bingen, Swedenborg et, bien sûr, G. I. Gurdjieff.)
« *Heureusement*, comme le précise le dit mensuel, *certains s'obstinent résolument pour éviter la confusion des genres.* » Et de citer Frédéric Tristan — prix Goncourt 1983 — dont l'extrait suivant fait remarquablement le point sur la question : *« J'oppose l'ésotérisme à l'intériorité. L'ésotérisme recherche des méthodes, généralement pour acquérir des pouvoirs matériels ou spirituels. L'intériorité, au contraire, c'est l'approfondissement de soi et de l'Univers à travers une tradition. »*
Pour sa part, Charles Jameux, rédacteur en chef de la revue *Points de vue initiatiques*, précise encore : *« rejeter l'occultisme de façon rédhibitoire d'une démarche ésotérique marquée par la recherche de la signification la plus profonde des choses, de l'intériorité »*.

... et comme souvent, il n'y a qu'un pas...

de l'ésotérisme à la réalité sectaire, certains le franchissent allègrement. Or, il doit être, dans la matière qui nous occupe — comme dans bien d'autres —, avant tout, question de vigilance.
Parce qu'il est vrai que le statut particulier des savoirs ésotériques ne les a pas mis à l'abri de dérives conceptuelles — qui sont bien souvent le produit d'adeptes trop zélés.
Comme l'Ennéagramme n'appartient à personne*, que des Groupes d'échanges existent encore autour de l'enseignement de Gurdjieff, cet amalgame-ci se fait assez facilement dans le chef de détracteurs peu scrupuleux.
Il est vrai que dès que des hommes et des femmes se réunissent pour d'autres motivations que l'échange de timbres de collection ou l'apprentissage des danses de salon, et surtout lorsque la raison de leurs rencontres est d'ordre psychologique ou spirituel, on parle aujourd'hui très vite — de phénomène sectaire.

Ce n'est, actuellement, pas — à ma connaissance — le risque majeur pris par les formateurs de cette discipline, en Europe du moins.
Que des groupements utilisent cet outil, comme s'ils roulent en 4x4, ou encore que leurs membres utilisent la poudre à lessiver « Mikro », voilà qui n'a rien à voir avec l'Ennéagramme.

Pour faire œuvre utile de prévention vis-à-vis des risques sectaires de tous types, je vous propose le résumé des caractéristiques d'une démarche sectaire telle

---

* Voir Code de l'International Enneagram Association.

que décrite par Jean-Yves Leloup, dans la revue *Intuitions* (n° 34):

Il y a phénomène «sectaire»
— lorsque le groupe (ou son dirigeant) considère détenir une ou des vérités absolues (qui ne peut absolument pas être mise en doute);
— lorsqu'un groupe se considère comme autosuffisant et n'a de contact avec les autres que pour les assimiler;
— lorsque la primauté est donnée aux principes ou à la doctrine;
— lorsque cette doctrine définit entièrement l'action et le comportement des membres du groupe, plutôt que d'agir comme révélateur.

C'est une question à propos de laquelle la vigilance critique s'impose.
De par sa redécouverte en cette fin de siècle, il va sûrement se publier des centaines de livres, d'articles sur l'Ennéagramme. Là aussi, il faudra se montrer vigilant.

Vous avez dit « religieux » ?

Si, comme la grande majorité des humains pendant des siècles, vous entendez par «religion», les groupements et institutions doctrinales et dirigistes qui tendent à imposer leurs vues métaphysiques *au nom d'un Grand Manitou, d'un Allah, d'un Brahman tout-puissant, d'un Dieu jupitérien* vivant dans des cieux inaccessibles, punissant les méchants, récompensant les bons, par la promesse d'un Paradis ou la condamnation d'un Enfer, la possibilité de réincarnations successives, autant de «systèmes» bâtis sur les mérites de chacun qui, finalement, «endorment» et «soumettent» les consciences aliénées à des rituels cérémonieux…

Alors il n'y a pas beaucoup de rapport entre l'Ennéagramme et quoi que ce soit de religieux.

Si, par contre, vous entendez par « religion » ce qui traite du « rapprochement » (*religatio*, action de relier) des hommes et des femmes qui décèlent la présence en eux-mêmes d'une dimension intérieure supérieure, qui cherchent à transcender les pulsions les plus primaires qui cohabitent en eux — et peuvent y cohabiter avec harmonie —, avec une aspiration spirituelle élevée, orientée vers l'emploi adéquat et harmonieux de leurs énergies mentales, physiques et spirituelles à la co-création d'un monde de justice et d'harmonie, et qui se réfèrent volontiers à ces êtres accomplis que sont Jésus, Bouddha, Mahomet, Zarathoustra, Lao Tseu et autres personnalités hautement inspirées. (voir *« La Psychologie Transpersonnelle »*, p. 223)...

Alors oui, l'Ennéagramme est un outil permettant d'allier l'ensemble de ces énergies aux aspirations les plus élevées des humains de tous les temps.

Nombreux sont les psychologues...

...qui commencent par adopter une attitude de méfiance à l'égard de l'Ennéagramme et de ses praticiens.

En effet, dans cette estimable profession, seuls les plus évolués acceptent, avec considération, les disciplines qui, comme l'Analyse Transactionnelle, proposent des moyens de comprendre les réalités de la psychologie en

---

Note : Attention ! Le XVe siècle présente des analogies avec notre époque : déliquescence des valeurs, réactions sectaires, etc. L'Église, alors dominante en Occident, « enterre » dans les caves du Vatican les documents concernant l'Ennéagramme (d'après E. Salmon).

termes de la vie courante. Peur de la perte de prérogatives... ?

Il est cependant un point où la démarche critique s'impose avec justesse à propos de l'outil, car — ainsi que le souligne le Dr Charles Tart — *« le système est loin d'être parfait »* et, comme le souligne Helen Palmer, *« il faudra encore de nombreuses recherches empiriques et scientifiques pour le pousser plus loin mais il est déjà pratique et utile*[1]. »

Bien que de nombreux développements caractérisent déjà la méthode, tout porte à croire qu'elle n'est encore qu'à l'aube de son rayonnement.

« Simple, brillant et juste. »
Éric Salmon

« J'y souscris parce que ça marche. »
F. Chabreuil

« *Mais,* me dit C. Toulmonde, *vous vous dites d'accord avec S. Peck qui déclare la vie complexe et difficile. N'y voyez-vous pas une contradiction avec la simplicité de l'Ennéagramme ?* »

Réponse : Que la description de l'Ennéagramme soit simple n'enlève rien à la complexité de ce qu'elle décrit. Ne confondez pas la carte et le territoire, monsieur Toulmonde. Ce n'est pas parce que le plan de Paris tient sur une feuille qu'on ne peut pas se perdre dans la ville !

1. Voir Bibliographie.

Autocritique de l'auteur

L'aventure de l'écriture de cet ouvrage me confirme qu'il aurait, pour le moins, fallu huit co-auteurs pour faire un livre complet, qui rende compte, avec le plus de justesse, de la sensibilité, de la puissance et de l'originalité de chaque type de personnalité.

Pour l'homme privé d'ouïe, la musique n'existe pas. Pour celui qui est privé de la vue, la peinture n'existe pas. Pour celui à qui les facultés olfactive, gustative et tactile font défaut, bien des choses n'existent pas.

A quoi l'homme qui ne retrouve pas son « essence » perd-il l'accès ?

Conclusion et synthese

> «Choisir est le propre de l'homme.
> Seul l'amour qu'on ajoute dans
> le monde est *évolutionnaire.*»
>
> René Delattre

Qui suis-je ?

Après avoir, comme beaucoup, cherché la réponse à cette question du côté des philosophes, c'est finalement dans cet enseignement ancien que j'ai trouvé les réponses les plus satisfaisantes.
La « redécouverte », relativement récente, d'un précieux outil comme l'Ennéagramme ne me surprend qu'à moitié. Pour moi, elle appartient à cet ensemble de signes encourageants auxquels je faisais allusion dans la Préface de cet ouvrage.

Le monde attendait un modèle d'explication de l'être humain qui allie la sagesse d'une longue tradition d'observation de la réalité humaine et qui soit compatible avec les découvertes les plus exigeantes des neurosciences. Cet outil vient à point nommé dans un monde où, d'une part, le manque de repères se fait lourdement sentir et où, d'autre part, de plus en plus d'individus pressentent le besoin d'ouverture aux dimensions transpersonnelles de leurs existences.
La lecture des neuf types de l'Ennéagramme peut nous faire comprendre combien chacun éprouve — notamment à cause des conditions de création et de renforcement de son Ego — des difficultés à vivre et des difficultés à évoluer.
Il est un outil relativement facile à comprendre et à utiliser pour soi-même comme voie magnifique vers l'intégration la plus élevée possible.
A chacun de choisir jusqu'où il poursuivra la réalisation de l'*unité avec lui-même et avec ce qui le dépasse.*

En n'oubliant pas, en cours de route, une chose importante, déjà énoncée plus haut :

→ *« Il n'y a pas de bon ni de mauvais type, chaque type magnifie une qualité absolument indispensable à l'harmonie universelle. »*

En guise de synthèse

Du Soi essentiel à l'Ego existentiel

> *« L'éternité n'est rien d'autre qu'un présent sans borne : existence et immortalité sont synonymes. »*
> Ladislav Klima

Lorsque le petit d'homme (que nous avons tous été) vient au monde, il n'est que corps (physique et terrestre) et âme (spirituelle et cosmique).
C'est cette âme qui constitue l'*essence* de l'être, **éternelle par nature.** C'est-à-dire son Être profond (appelé aussi le *Soi*).
Ce que la grande majorité des Occidentaux appelle leur *personnalité* c'est le *Moi*, ou *Ego*.
Le Moi est en fait une partie de notre être physique — notre cerveau — qui se suradapte, au début de l'existence (ce qui concerne la durée de vie terrestre d'un individu est son *existence*) aux besoins et aux pressions de son environnement proche, constituant ainsi un Ego.

Très peu de gens encore sont bien conscients de la façon dont ils ont construit leur Ego — ce qu'ils prennent pour *« leur personnalité »*. Pourtant, cela prend du temps (certains y passent parfois plus de la moitié de leur vie !) pour construire cette « esquisse » de personnalité.
Du temps, et de l'énergie, qui pourrait être utilisés de manière plus adéquate !

Que de temps perdu à essayer de se créer une pseudo-« consistance », une « personnalité », que beaucoup finissent par prendre pour leur être réel !
A se construire une *identité,* que l'on croit souvent originale.
Ou, pour employer une expression assez peu heureuse, mais qui a cours de nos jours : une *image !*
Il faut dire que ce « travail » d'édification de cette pseudo-identité commence à un âge où il est rare de pouvoir être conscient de l'erreur d'investissement commise.

Pourtant, ils sont nombreux les signes que nous envoient ceux qui pressentent ce risque d'erreur. Cette prise de conscience est d'autant plus difficile que les normes de fonctionnement des sociétés humaines sont très favorables aux constructions de ce type. Fussent-elles partiellement ou entièrement artificielles !

Selon les particularités de l'environnement familial, chacun va développer un Ego en fonction des premiers mécanismes de défense qu'il va mettre en face des toutes premières menaces — réelles ou imaginaires — qu'il perçoit. Le renforcement permanent de ceux-ci va constituer cette « personnalité » existentielle, que la grande majorité prendra pour leur vraie personnalité.

Ces « personnalités » cachent habituellement notre essence.
C'est le cas de la grande masse de gens, que Gurdjieff appelle des *« endormis »*.
Quelques-uns, parmi d'autres, pressentent cette *« illusion du Moi »* (Bouddha, D. Hume, notamment), d'autres la découvrent, grâce à leur cheminement personnel.
La voie vers la redécouverte de notre essence (du Soi) passe par un dégagement de nos « Moi » artificiels.

L'ouverture à notre « Soi » est un passage obligé pour l'ouverture au « Soi » universel.
L'assistance d'une aide extérieure à soi est généralement bénéfique pour accompagner cette évolution.

Saint-Germain-la-Ville, décembre 1996

Bibliographie

La bibliographie relative à l'Ennéagramme s'enrichit de jour en jour, et le pire y côtoie le meilleur. On trouve aujourd'hui en anglais, comme en français, des ouvrages très inspirés sur le sujet — notamment ceux qui mettent l'accent sur la valeur d'outil spirituel qu'est l'Ennéagramme — d'une part et, d'autre part, des ouvrages très analytiques sur le sujet. Malheureusement, il existe aussi des ouvrages « très » (trop) racoleurs, structurés selon un mode simpliste, similaire aux horoscopes : *« Si vous rencontrez un Sept, proposez-lui une partie de golf. »*

En français

L'Ennéagramme, un itinéraire de vie intérieure
Maria Beesing, Robert Nogosek, Patrick O'Leary, Desclée de Brouwer, 1992.
Le premier livre écrit sur le sujet est un texte de référence. Très orienté vers la spiritualité chrétienne.

L'Ennéagramme : Dynamique de connaissance et d'évolution
Fabien (un Sept) et Patricia (une Un) Chabreuil, Carthame, 1994.
Le premier livre écrit en français sur le sujet, par les fondateurs de l'Institut Français de l'Ennéagramme.

Un deuxième ouvrage de ces mêmes auteurs consacré aux applications dans l'entreprise — paraîtra bientôt, aux Éditions Vivez Soleil.

L'ABC de l'Ennéagramme
Éric Salmon (un Sept),
Jacques Grancher, 1997.
Le livre est écrit par le fondateur du Centre d'Etudes de L'Ennéagramme

L'Ennéagramme
Helen Palmer (une Six), Vivez soleil, 1995.

L'Ennéagramme au travail et en amour
Helen Palmer, Éditions de l'homme, 1996.

L'Ennéagramme facile
Renée Baron (une Deux), Élisabeth Wagele (une Cinq), Vivez Soleil, 1995.

Apprenez à mieux vous connaître, PNL et Ennéagramme
Pierre Longin, Dunod, 1995.

Le code secret de votre personnalité,
Rika Zaraï (une Un), Michel Lafon, 1996.

En anglais

The Enneagram Relationship Workbook
Margaret Frings Keyes, Molysdatur Publications, 1992.

My best self
K. Hurley, T. Dobson, Harper, San Francisco, 1993.

What's my type?
K. Hurley, T. Dobson, Harper, San Francisco, 1991.

Personnality Types
Don Richard Riso (un Quatre), Houghton Mifflin, 1987.

Autres ouvrages

Plus loin sur le chemin le moins fréquenté
Scott Peck, Marabout (3639)

Le nombre d'or
Marius Cleyet-Mixhaut, Que Sais-Je ?, 1530.

Évolution du cerveau et création de la conscience — A la recherche de la vraie nature de l'homme
John C. Eccles, Fayard, 1992; Champs-Flammarion, 1994.

Le mystère humain
John C. Eccles, Mardaga, 1982.

Fragments d'un enseignement inconnu
P. Ouspenski, Stock.

La Divine Comédie
Dante, plusieurs éditeurs.

Les contes de Cantorbery
Geoffrey Chaucer, Livre de Poche.

Praxis *et* Gnosis *d'Evagre le Pontique*
Jean-Yves Leloup, Albin Michel.

La spiritualité quantique (Sommets de la nouvelle physique et de l'expérience mystique)
Robert Linssen, Éditions de Mortagne, Canada.

Bibliographie commentée de l'auteur, chez Marabout

Les livres publiés chez Marabout sont présentés dans un ordre préférentiel de lecture, après celle de ce livre-ci.

1. *Oser être soi-même* (3603)
présente l'Assertivité et ses méthodes.
La personne Assertive est celle qui ose utiliser les Nouvelles Techniques d'Affirmation de soi, en n'étant ni agressive (l'agressif répond à une voix dans sa tête *« Ne te laisse pas faire, sois plus fort »),* ni soumise (voix *« Ne dis rien et tu seras tranquille »*), ni manipulatrice (voix *« Sois plus malin, arrange les choses à ta manière »*), mais en osant affirmer ses propres besoins tout en préservant la relation d'une manière positive et respectueuse des besoins de chacun.

2. *L'Analyse Transactionnelle* (3516 et 3620)
Puisque nous vivons avec notre « Moi », l'Analyse Transactionnelle est une excellente méthode de connaissance de celui-ci, et de communication avec le « Moi » des autres. (Voir p. 100 de ce présent ouvrage.)

3. *A la Découverte de Soi* (3614)
Ouvrage de sensibilisation à la spiritualité et la Psychologie Transpersonnelle.

4. *Efficace et épanoui par la PNL* (3563)
La Programmation Neuro-Linguistique est la première méthode scientifique d'analyse des conditions de réussi-

te de tous nos actes : de changement personnel et de communication avec les autres.

5. *La communication efficace par la PNL* (3510)
Ouvrage recommandé pour sa présentation progressive des techniques d'influence de la Programmation Neuro-Linguistique.

6. *L'Amour, c'est quoi ?* (3627)
Clés pour un amour durable et partagé.
Ce que font — et ne font pas — les couples réussis.
Une étude poussée des conditions de réussite de la vie de couple.

INDICES AUTOBIOGRAPHIQUES

Ce qui fonde mon enthousiasme pour cet outil, c'est notamment qu'il corrobore trois observations qui ont fondé mon intérêt pour la psychologie humaine. A savoir, en premier lieu, que les petits d'hommes font beaucoup d'efforts pour se conformer à ce que l'on attend d'eux, ce qui démontre combien la liberté personnelle est une réalité souvent illusoire.

Ensuite, que chaque être humain est un univers unique riche de potentialités et de complexités infinies. Je pense enfin n'être que tout simplement dans la « norme » en prétendant ressentir au fond de moi la très large gamme des potentialités humaines tout aussi susceptibles de se développer vers le vice que vers la vertu.

La découverte de mon type — le Trois — m'indique combien il me faut, dans l'avenir (et j'en fais le choix) mettre mes talents bien plus au service de la Vérité qu'au mien propre.

« Quand j'ai entendu parler de l'Ennéagramme pour la première fois, j'ai commencé par sous-estimer son importance.
Une méthode efficace et pertinente, ai-je d'abord pensé. Un bon outil, facile à circonscrire, un peu comme la méthode Gordon.

Et ce n'est qu'en commençant sérieusement ma formation — et en multipliant les sources d'informations — que j'en ai perçu la vaste portée. J'ose espérer que les lecteurs et mon éditeur me permettront d'en poursuivre l'exploration. »

Je pense que tout être humain qui décide d'allier ces deux énergies fondamentales — et beaucoup plus répandues qu'il n'y paraît parfois — que sont amour et intelligence, devient un être « vivifiant ».

Adresses utiles

Des questions ? Des réflexions ?
Faites-les-moi parvenir via l'éditeur :

R. de Lassus
c/o Marabout
Place Stéphanie, 20
B-1050 Bruxelles

Centre d'Etude de l'Ennéagramme
Fondateur : Eric Salmon
11, rue Jacques Dulud 92200 Neuilly

Institut Français de l'Ennéagramme
Fondateurs : Fabien et Patricia Chabreuil
66, Champs Elysées 75008 Paris

Association française professionnelle des praticiens de l'Ennéagramme
55, rue Amiral Roussin 75015 Paris

Glory Bossoni — Sebil Center
Kilchbergerstr. 39
CH 8038 Zurich (Suisse)

Marie-Anne Quenneville
6529 rue de la Roche
Montréal, Québec
H2 2E2

Don & Bonie Fowke
8 Front street — suite 227
Toronto, Ontario, M5 1 T 4
(Canada)

Workshop in the Oral tradition with Helen Palmer
1442 A Walnut street —suite 377
Berkeley, Californie 94709 USA

Workshops with Don Riso
Enneagram Personaly Types, Inc
222 Riverside Drive. Suite 10 A
New-York, N Y 10025 USA

ANNEXES

Annexe I

Mots-types voisins pour repérer les compulsions

Etant donné l'importance de la compulsion pour la détermination des types, il m'a semblé pertinent de vous proposer les mots et les périphrases associés aux mots par lesquels ces compulsions sont désignées chez les différents auteurs.
Parce qu'il faut les désigner par un mot générique, il peut exister une difficulté à identifier sa compulsion.

Exemple :

Certaines personnes reconnaîtront qu'elles cherchent à éviter la déviance *en disant plutôt qu'elles tendent* à éviter ce qui est interdit.

Colère
se mettre en colère
se mettre dans tous ses états
irritation
animation
mauvaise humeur
transport de
explosion de
fureur
emportement
rage
exaspération
accès de
bouffée de
indignation
scène de
incartade
bourrade
objurgation
reproche

semonce
agacement
énervement
surexcitation
piqué (au vif)
en rage de
bleu de
cassant
bougon
grognon
déchaînement
crise
agacé
impatient
courroucé
épancher sa bile
écumer
rouge de
bouillir de
fumer de
prendre la mouche
porter sur les nerfs
se fâcher
pester
s'en prendre à

Echec
risque
défi
insuccès
revers
malheur
débâcle
chute
naufrage
four
désastre
catastrophe
choux blanc
pierre d'achoppement
fiasco
avorter
mal tourné
vaincu
avoir le dessous
déplaire
décevoir

Banalité
vulgarité
ce qui est commun
normalité
pas original
ressassé
conventionnel
vieux jeu
habituel
fréquent
couru
ordinaire
quelconque
médiocre

Déviance
Ce qui est:
illégal
non permis
non autorisé
incorrect
inadmissible

inconvenant
ne se fait pas
irrecevable
inacceptable
non réglementaire
dégoûtant
insensé
etc.

Souffrance
déplaisir
malheur
douleur
mal-être
mal
torture
supplice
cruel
atroce
pénible
éprouvant
insupportable
ne pas être en forme,
ne pas être dans son assiette
endurer
porter sa croix
souffre-douleur
être dans ses petits souliers
martyrisé
etc.

Faiblesse
sans :
tonus
force
personnalité
courage
persévérance
consistance
fragile
mou
mollasson
indolent

Conflits
tensions
désaccords
dysharmonie
dispute
discorde
querelle
bagarre
se faire avoir
mésentente
coalitions
inimitié
dissociation
mauvaise intention
sabotage

Reconnaître ses propres besoins, rejet
Cette compulsion étant déjà exprimée par une périphrase, elle donne lieu à moins de risques d'erreur dans son interprétation :
satisfaire ses propres désirs
égoïsme
être sans cœur

inaffectueux
méchant
insensible
désagréable
mauvais
inhumain

Eviter le vide intérieur et l'intrusion
vacant
inoccupé
nudité
absence
manque
défaut
pénétration
envahissement
irruption
invasion
s'insinuer
infester l'espace personnel

Annexe II

Mots-types voisins pour repérer les tendances principales

Etant donné l'importance de la tendance principale dans la détermination des types, il m'a semblé pertinent de vous proposer les mots et les périphrases associés aux mots par lesquels ces tendances sont désignées chez les différents auteurs.
Parce qu'il faut les désigner par un mot générique, il peut exister une difficulté à identifier sa tendance.

Exemple :

Certaines personnes reconnaîtront qu'elles vivent beaucoup dans l'intempérance *en disant plutôt qu'elles vivent souvent dans la* gloutonnerie.

Colère
voir le tableau équivalent des compulsions

Orgueil
arrogance
suffisance
vanité
dédain
hauteur
fierté
insolence
morgue
présomptueux
infatuation
vantardise
outrecuidance
fatuité
fanfaronnade
forfanterie

prétentieux
paradeur
grands airs
méprisant
insolent
matamore
bravache
fier-à-bras
pédant
pimbêche
raide
glacial
poseur
impertinent

Tromperie
mentir
déformer la,
travestir la,
modifier la,
adapter la,
tronquer la,
manipuler la,
déguiser la,
faire entorse à la vérité
mystifier
induire en erreur
inventer
feindre
hâbleur
gascon
imposteur
falsifier
hypocrisie

Envie
envieux
convoitise
avidité
cupidité
désireux
regard d'envie
reluquer
crever de,
mourir d'envie
insatiable
objet d'envie
jalousie

Avarice
cupide
avide
rapace
intéressé
égoïste
lésineur
regardant
chiche
serré
mesquin
pingre
dur à la détente
grippe-sous
chipoteur
économe de son temps
marchandeur
ne pense qu'à soi

Peur
craintif
insécurisé
inquiet
anxieux
angoissé
tremblant
alarmé
affolé
effrayé
épouvanté
paniqué
horrifié
stupéfait
timoré
sur le qui-vive
timide
lâche
paranoïaque
se sent menacé,
mis en cause,
intimidé
non confiant
pleutre
poltron
pusillanime
méfiant

Intempérance
gloutonnerie
gourmandise
insatiable
goinfre
goulu
boulimique
alcoolique
se régaler
se pourlécher les babines
luxure
jamais satisfait
lubrique
débauché
paillard
vicieux

Excès
luxurieux
débauché
paillard
vicieux
abus
disproportionné
insatiable
violent
débordement
surabondance
profusion
immodéré
outre-mesure

Paresse
indolence
fainéantise
mollesse
flemme
négligence
nonchalance
apathie
inertie

Annexe III

Mots-types voisins pour repérer les Mécanismes de Défense

Etant donné l'importance des Mécanismes de Défense dans la détermination des types, il m'a semblé pertinent de vous proposer les mots et les périphrases associés aux mots par lesquels ces Mécanismes de Défense sont désignés chez les différents auteurs.
Parce qu'il faut les désigner par un mot générique, il peut exister une difficulté à identifier un mécanisme de défense.

Exemple :

Certaines personnes reconnaîtront qu'elles vivent beaucoup dans la répression *en disant plutôt qu'elles* punissent *souvent les autres.*

Formation réactionnelle
Comme il s'agit de termes de psychologie, il vaut mieux s'en tenir à la signification courante : réaction qui va à l'encontre de son propre ressenti, de ce qui est attendu

Répression
pratique le ou la :
punition
châtiment
correction
inflige une :
peine
sanctionne
juge
sévère
justicier
condamne
frappe
fouette

insulte
confisque
emprisonne

Isolement
isolation
retrait
évitement
solitude
claustration
désengagement

Identification
chercher à ressembler à un modèle existant ou localisé; chercher à devenir semblable à; à imiter quelqu'un; joue un « rôle »

Introjection
Terme de psychologie signifiant : action par laquelle une personne incorpore mentalement un élément de la réalité extérieure, et notamment des idées, des sentiments qui ne lui sont pas propres (en langage populaire : action d'avaler, de « ravaler » ses sentiments)

Sublimation
Terme de psychologie signifiant : transformation de pulsions inacceptables, occasionnant des conflits intérieurs, en actes socialement acceptables.

Projection
Terme de psychologie signifiant : idées ou sentiments qui sont propres à une personne attribués à une autre

Rationalisation
Terme de psychologie signifiant : construction d'une justification raisonnable, à partir de comportements inacceptables ou inacceptés.

Dénégation
Terme de psychologie signifiant : refus de reconnaître comme sien un désir, un sentiment, une action

Narcotisation, Abrutissement
Habitudes « soporifiques », comme peuvent l'être les pratiques du collectionneur, la pêche, l'abus de télévision, alcoolisme léger, tabagisme, usage de tranquillisants, boulimies sucrées, salées (bonbons, chocolat, cacahuètes, chips)

Annexe IV

Code d'Ethique de l'International Enneagram Association

L'Ennéagramme est avant tout un outil destiné à la connaissance de soi et à la transformation personnelle.

Garder un œil attentif sur nos propres motifs et comportements nous aide à éviter les principaux pièges de notre type. La connaissance de soi implique une interrogation constante de nos objectifs réels et de nos mécanismes de défense. La transformation requiert le courage d'agir à l'encontre des structures et des habitudes de notre personnalité.

Nous pouvons être les uns pour les autres une source d'aide.

L'Ennéagramme nous invite à interrompre nos habitudes et nos mécanismes répétitifs de défense. En ce sens, chacun sert à rappeler aux autres les différences qui existent entre les êtres et la sincérité des divers points de vue. Les doctrines et les théories sont bien moins importantes qu'une communication ouverte entre les personnes.

Permettons aux autres de se découvrir eux-mêmes.

L'Ennéagramme a des effets profonds sur les gens. Il est plus efficace quand nous permettons aux autres de découvrir leur type, plutôt que de supposer que nous les connaissons mieux qu'ils ne se connaissent eux-mêmes.

Soyons sensibles à leurs réactions, aux conséquences du changement de l'image qu'ils ont d'eux-mêmes et à ce dont ils ont besoin pour intégrer cette nouvelle information.

Un type ne décrit pas entièrement un individu.

L'Ennéagramme ne nous dit rien sur l'histoire d'un individu et un type ne nous donne pas d'informations significatives sur la qualité de son caractère, de son intelligence ou de ses talents. Une personne est plus que son type. Il est particulièrement important de se souvenir de cela dans le monde du travail.

L'Ennéagramme est un important outil de compassion.

Mieux nous percevons les intentions et la logique des autres types, moins nous rejetons, jugeons ou déprécions les autres. Ecoutons attentivement les histoires individuelles; ce n'est pas parce que nous connaissons le type d'une personne que nous la connaissons. Une conception stéréotypée de l'Ennéagramme est une marque d'étroitesse d'esprit et présuppose que nous connaissons déjà les attitudes et les motivations d'une personne. Le plus souvent, la construction de stéréotypes est due à des expériences négatives avec des gens de tel ou tel type; elle limite notre croissance et diminue nos choix dans le présent.

L'Ennéagramme est un outil en cours de développement.

Beaucoup ont déjà contribué à son développement et beaucoup continueront à le faire dans l'avenir; aussi attribuons explicitement à chacun son travail. Citons nos sources et honorons la créativité et le travail des autres chercheurs. Maintenons un esprit d'érudition et partageons les informations dans une atmosphère collégiale.

Aucun individu ne possède l'Ennéagramme.

L'Ennéagramme ne peut être contrôlé, ni monopolisé par qui que ce soit, pas plus qu'il ne peut être retiré de la discussion publique. Limiter les droits de communiquer, développer et partager des informations à propos de l'Ennéagramme est contraire à l'esprit de libération et de développement du système.

L'Ennéagramme nous encourage à marcher sur le chemin de la transformation.

L'Ennéagramme nous incite à incarner en nous le travail de transformation de soi, à être des exemples vivants d'introspection et d'évolution réelle vers la libération spirituelle.

Reproduit avec l'aimable autorisation de l'International Enneagram Association.
© Copyright International Enneagram Association, 1995
Traduction : Institut Français de l'Ennéagramme, Paris, 1995
Communiqué par l'Institut Français de l'Ennéagramme.

VERS L'ÉVOLUTION ET L'INTÉGRATION

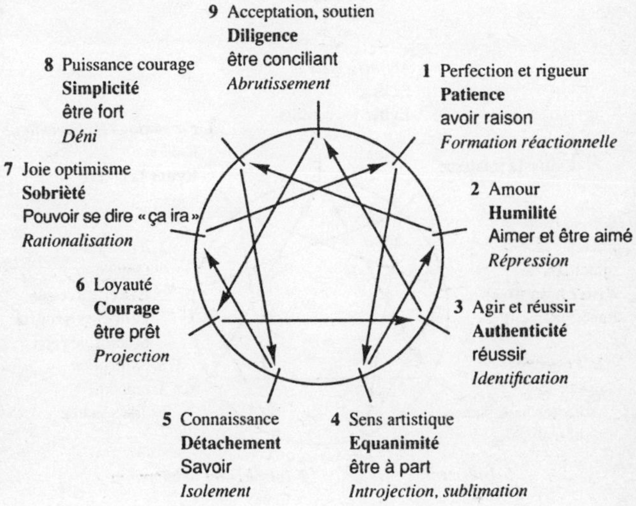

Ce que l'Ennéagramme appelle
Force principale (talent apport)
Vertu
ce qui importe
Mécanisme de défense

VERS LA RÉGRESSION

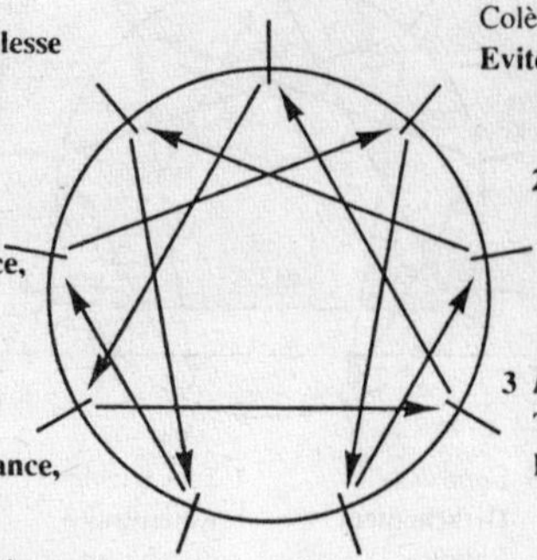

1 *Formation réactionnelle*
Colère
Eviter la colère

2 *Répression*
Orgueil
Eviter de reconnaître ses propres besoins, le rejet

3 *Identification*
Tromperie
Eviter l'échec

4 *Introjection, sublimation*
Envie
Eviter la banalité

5 *Isolement*
Avarice
Eviter le vide intérieur, l'intrusion

6 *Projection*
Peur
Eviter la déviance, la trahison

7 *Rationalisation*
Intempérance (gloutonnerie)
Eviter la souffrance, l'enfermement

8 *Déni*
Excès
Eviter la faiblesse

9 *Abrutissement*
Paresse
Eviter les conflits

Ce que l'Ennéagramme appelle
Mécanisme de défense
Tendance principale
Compulsion

Table des matières

Au catalogue Marabout

Psychologie

ABC de l'analyse transactionnelle (L'),
R. de Lassus ....3561 [06]
A la découverte de soi,
R. de Lassus ....3614 [09]
Amour c'est quoi (L'),
R. de Lassus ....3627 [07]
Analyse Transactionnelle (L'),
R. de Lassus ....3516 [09]
Avoir de l'assurance en 10 points clés,
Dr J. Renaud ....3550 [07]
Avoir ou être,
E. Fromm ....3638 [07]
Ayez confiance en vous,
N. Branden ....3609 [06]
Cerveau (Le),
Groupe Diagram ....3520 [12]
Cette famille qui vit en nous,
C. Rialland ....3636 [07]
Choisir !,
S. Helmstetter ....3623 [07]
Combat pour l'âme,
K. Ward ....HC 75 FF
Comment acquérir une super-concentration,
T. Werneck et F. Ullmann ....4161 [07]
Comment acquérir une super-mémoire,
Dr J. Renaud ....3536 [07]
Comment réussir dans la vie,
Diagram (mai) ....3545 [N]
Communication efficace par la PNL (La),
R. de Lassus ....3510 [09]
Comprendre les femmes,
P. Daco ....3500 [09]
Développez votre créativité,
A. Bacus et C. Romain ....MS43 [07]

Développez votre intelligence,
G. Azzopardi .... 3513 [09]
Dictionnaire des rêves,
L. Uyttenhove .... 3542 [06]
10 piliers de la caractérologie (Les),
J.-P. Juès .... 3619 [07]
Du côté de la vie,
J. Canfield et M.V. Hansen .... HC 75 FF
Efficace et épanoui par la PNL,
R. de Lassus (juin) .... 3563 [N]
Femmes efficaces,
L. Adams .... 3557 [07]
Femmes qu'ils aiment, les femmes qu'ils quittent (Les),
Dr C. Cowan et Dr M. Kinder .... 3515 [07]
Force de l'esprit (La),
Groupe Diagram .... 3602 [12]
Gestalt, l'art du contact (La),
S. Ginger .... 3554 [09]
Grand guide du timide (Le),
J.-F. Picardat .... 3547 [09]
Interprétation des rêves (L'),
P. Daco .... 3501 [07]
Interpréter les gestes, les mimiques, les attitudes,
A. Pease .... 3555 [07]
Je vis ma vie comme je vis mon corps,
J. Bury .... 3611 [07]
Jouez à fond vos points forts,
D. Clifton et P. Nelson .... 3616 [07]
J'y tiens, je l'obtiens,
K. Anderson .... 3615 [09]
Langage des gestes (Le),
N. Pacout .... 4124 [07]
Maîtrisez vos émotions,
A. Ellis et Dr A. Lance .... 3632 [09]
Mensa, le livre des tests,
A. Bacus .... 3506 [07]
Mesurez votre Q.I.,
G. Azzopardi .... 3527 [06]

Méthode Coué (La),
E. Coué ....3514 [07]
Moments vrais (Les),
B. de Angelis (juin) ....HC [N]
Oser être gagnant,
R. de Lassus ....3620 [07]
Oser être soi-même,
R. de Lassus ....3603 [07]
Partez gagnant,
T. Hopkins ....3604 [07]
Penser positif,
V. Peiffer ....3630 [07]
Pièges de la perfection (Les),
S.J. Hendlin ....3628 [09]
Plus jamais le trac,
G. Garibal (juin) ....3553 [N]
Pouvoir de l'amour (Le),
Dr G. Jampolsky ....3625 [07]
Prodigieuses victoires de la psychologie (Les),
P. Daco ....3504 [09]
Psy de poche (Le),
S. Mc Mahon ....3551 [07]
Psychanalyse (La),
C. Azouri ....3522 [07]
Psychologie et liberté intérieure,
P. Daco ....3503 [09]
Puissance de la pensée positive (La),
N.V. Peale ....3607 [07]
Qui êtes-vous ?,
Groupe Diagram ....MS5 [12]
15 tests pour connaître les autres,
M. et F. Gauquelin ....GM15 [06]
Résoudre les conflits par l'approche paradoxale,
J.P.Juès ....3558 [06]
Rester maître de soi,
Dr J. Renaud ....3635 [07]
Réussissez les tests d'intelligence,
G. Azzopardi ....3512 [07]

Se connaître par la morpho-psychologie,
B. Guthmann . . . . .HC 69 FF

Secrets de votre écriture (Les),
M.-A. Boone et F. Kestemont . . . . .4150 [07]

Se guérir par la visualisation,
P. Fanning . . . . .3610 [09]

Solitude,
A. Storr . . . . .3613 [09]

Techniques modernes de développement personnel (Les),
J.-P. Juès . . . . .3540 [09]

Thérapie cognitive (La),
Ph. Brinster . . . . .354[illegible] [07]

Tester et enrichir sa mémoire,
M. Dansel . . . . .3518 [09]

Tests d'intelligence (Les),
J.-E. Klausnitzer .3529 [07]

Tests de logique (Les),
J.-E. Klausnitzer .3530 [07]

Tests psychologiques (Les),
P. Caprili . . . . .3533 [06]

Tests sans stress,
A. Bacus . . . . .3524 [07]

Training autogène (Le),
C. Brand-Hetzel . . . . .3511 [07]

Training cerveau,
Dr J. Renaud . . . . .4149 [09]

Transformez votre vie,
L. Hay . . . . .3633 [07]

Triomphes de la psychanalyse (Les),
P. Daco . . . . .3505 [09]

Triple Moi (Le),
G. Jaoui . . . . .3637 [07]

Une super-mémoire en 10 points clés,
Dr J. Renaud . . . . .3541 [07]

25 mots clés de la psychologie et de la psychanalyse,
P. Marson . . . . .3519 [09]

Santé - Forme - Sexualité

Cellulite (La),
M. Bontemps .3000 20 FF
Colonne a bon dos (La) :
la méthode Mézières,
Dr G. Pacaud et J. Fromond .2753 [07]
Comment bien faire l'amour ensemble,
A. Penney .2739 [06]
Comment faire l'amour à un homme,
A. Penney .2737 [06]
Comment faire l'amour à une femme,
M. Morgenstern .2738 [06]
Comment maigrir en faisant l'amour,
R. Smith et Wolinski .HC 75 FF
Découvrez les bienfaits
de la nutrithérapie,
Dr R. Moatti .2726 [09]
203 façons de rendre fou
un homme au lit,
J. Saint-Ange (juin) .2771 [N]
Devenez l'artisan de votre santé,
A. Jouy .2735 [07]
Dictionnaire familial d'homéopathie,
Dr E. A. Maury .2703 [07]
Femme sensuelle (La),
J. .2733 [06]
Guide anti-stress,
Dr J. Renaud .4121 [07]
Guide complet et illustré de
tous les exercices physiques,
Diagram .2751 [07]
Guide de la future maman,
Dr A.P. Wattel (mai) .2769 [N]
Guide pratique et illustré
de la nuit de noces,
R. Smith et Wolinski .HC [N]

Guide-santé du voyageur,
Dr G. Pacaud et A. Gaillard ....2750 [12]
Gym au quotidien (La),
D. Laty ....4119 [07]
Hanches et fesses parfaites en 10 minutes par jour,
L. Raisin (mai) ....2768 [N]
Homéopathie et les oligo-éléments pour les enfants (L'),
Dr G. Pacaud ....2728 [07]
Homme sensuel (L'),
M. ....2732 [06]
Kama Soutra (Le) ....2722 [06]
Hot fidélité,
Dr P. Love et J. Robinson ....HC 69 FF
Lifting au naturel (Le),
J. Corvo ....2731 [06]
Livre de bord de la femme (Le),
M.-C. Delahaye ....2721 [09]
Livre de bord de la future maman (Le),
M.-C. Delahaye ....2717 [09]
Livre de bord de la future maman,
Ed. Cartonnée,
M.-C. Delahaye ....HC 140 FF
Maigrir avec les hautes calories,
M. Leconte ....2700 [06]
Mal de dos (Le),
M. Bontemps ....3005 20 FF
Manuel de détoxication,
C. Vasey ....2725 [07]
Manuel du yoga Kundalini,
S. Singh ....2748 [09]
Méthode Alexander (La),
R. Brennan ....2755 [07]
Mincir sans fatigue,
M. Bontemps ....3002 20 FF
Mincir vite,
M. Bontemps ....3001 20 FF

Loisirs - Sports

ABC de la photo,
N. Ngoc Rao . . . . .5316 [09]
Camescope : 500 trucs pour filmer comme un pro,
P. Bourgault . . . . .5322 [04]
Camescope (GM du),
M. Barbin . . . . .4109 [07]
150 tests d'échecs,
F. Lohéac-Ammoun . . . . .5303 [09]
50 tours de cartes,
P. Romano . . . . .5327 [04]
Dessin (GM du),
R.-M. de Prémont . . . . .5319 [07]
Dictionnaire des mots croisés - T.1,
L. et M. Noël . . . . .5306 [09]
Dictionnaire des mots croisés - T. 2,
L. et M. Noël . . . . .5307 [09]
Echecs (GM des),
F. Van Seters . . . . .5313 [07]
Grand Dictionnaire Marabout des mots croisés,
L. et M. Noël . . . . .HC 99 FF
Grand guide du scrabble,
M. Charlemagne .HC 99 FF
Guide du VTT (Le),
M. Barbin . . . . .5318 [06]
Guide 1996 du Compact Disc Classique,
M. Barbin . . . . .HC 83 FF
Guide 1996 du Compact Disc Variétés,
M. Barbin . . . . .HC 83 FF
Jeux d'intérieur (GM des),
M. Basset-Clidière . . . . .5320 [09]
Jeux de plein air (GM des),
M. Basset-Clidière . . . . .5321 [09]
Jeux de rien,
C. Gourlat . . . . .MS753 [04]

1001 idées amusantes pour occuper vos enfants,
C. Gourlat (avril) ....5326 [N]
Pêche facile (La),
M. Donzenac ....5309 [07]
Photographie facile (La),
M. Biderbost ....5310 [07]
Scrabble (GM du),
M. Charlemagne ....5312 [09]
Testez-vous aux échecs,
F. Lohéac-Ammoun ....MS153 [09]
Tous les jeux de cartes,
F. Gerver ....5311 [09]
Un jeu par jour,
M. Mala ....5314 [07]

Sciences parallèles

ABC de la numérologie, J.-D. Fermier	2317	[07]
ABC des tarots, C. H. Silvestre	2315	[06]
Astrologie facile (L'), D. de Caumon Paoli	2314	[04]
Auto-hypnose (L'), M. Curcio	2306	[07]
Cartomancie (GM de la), F. Maisonblanche	2313	[07]
Cartomancie : tirer et interpréter les cartes, G. Sciuto (juin)	2323	[N]
Connaissez-vous par votre signe astral, J. de Gravelaine	2301	[07]
Découvrez votre avenir par les cartes et l'astrologie, A. Von Pronay	2321	[07]
Dictionnaire des mythes (Le), N. Julien	2303	[12]
Dictionnaire des symboles (Le), N. Julien	2304	[12]
Duos des étoiles, D. Colin et S. Favier (mai)	2322	[N]
Etre franc-maçon aujourd'hui, G. Garibal	2311	[07]
Franc-maçonnerie - Initiation (La), N. Pacout	2308	[07]
Grand Horoscope Marabout 1996, N. Julien	HC	85 FF
Livre des anges (Le), S. Burnham	2319	[09]
Planètes qui vous gouvernent (Ces), N. Julien	2310	[07]

Vie professionnelle

IMPRESSION : BUSSIÈRE S.A., SAINT-AMAND (CHER). – N° 604.
D.L. MARS 1997/0099/110

ISBN 2-501-02720-5

Imprimé en France